L'ÂME DU BIBLIOPHILE

À Martine et Éléonore

Et avec tous mes remerciements
à mes amis
Bernadette et Jean-Pierre Girard
Pour leur relecture scrupuleuse
et combien nécessaire.

Dominique-André Perrin-Massebiaux – janvier 2020

41370 JOSNES

L y a un esprit bibliophile, il n'est pas inné. Il se construit lentement, par frottements répétés. C'est un fruit à maturation lente, au goût d'esthète. Il en arrive peu à maturité. Les saisons passent sans que sa croissance soit visible. Puis, un jour, de pluie le plus souvent, il éclôt, là, solitaire et joyeux, au creux d'une bibliothèque dont la taille n'a aucune importance, pas plus que le luxe.

Cet esprit est fragile. Il nécessite un entretien constant, des sacrifices importants. Quelques-uns l'acquièrent, bien peu le conservent. Ils ont le vernis et s'en targuent, ce n'est déjà pas si mal. Mais pour ceux qui ont franchi le cap, plus de marche arrière possible. Le virus est implacable. Ils sont nés à la bibliophilie, ils mourront avec. À ceux-là je peux parler de l'âme du bibliophile, cette entité éphémère et si difficile à définir et même à comprendre. Ce n'est plus d'eux dont il s'agit, enfin plus d'eux seuls, mais de la communion intime qui s'opère avec leurs livres. Comme toutes les âmes, elle peut être heureuse ou malheureuse, frustrée ou comblée. Comme toutes les âmes elle est mortelle. Ses échos seuls subsistent par les livres. Plus tard, après la dispersion, chaque volume en portera l'effluve incomplet vers d'autres horizons.

Le bibliophile le sait, se raccroche à l'idée vaine de l'immortalité de son âme. Lui-même a su retrouver parfois le parfum de celle d'un prédécesseur. Tel l'archéologue voulant comprendre et atteindre les époques révolues, il a eu en main quelques pièces suffisamment importantes pour le croire. Eût-il recomposé la bibliothèque entière, l'âme n'y serait plus. Le décor peut faire illusion, il y manquera toujours la dimension humaine et toute personnelle de celui pour qui ce fut la vie. C'est pourtant de ces bouts d'âmes recomposés que naîtront, bien différente, une respiration et une aspiration nouvelles.

Je l'ai écrit, l'âme du bibliophile ne tient qu'à lui et c'est à lui seul d'en donner les clés. Elles n'ouvrent aucune porte visible. Elles donnent simplement accès à de hauts sentiments dont la sensibilité extrême fait toute la fragilité.

L'âme du bibliophile ne se définit pas par les auteurs et leurs ouvrages, enfin pas seulement. Elle adhère essentiellement à l'objet livre, celui qui fut, qui est et qui sera. Cet objet fragile et délicat, important par les mots qu'il porte, plus important encore par la chaîne des passeurs. Le bibliophile est un passeur, un dépositaire éphémère et son âme est un instant digéré par le temps meurtrier de toute chose. Au bout du bout, seul le livre reste. Il attend un nouvel adepte qui se nourrira de la fiction d'une possession durable.

On ne dissèque pas une âme, son contour est infini, son horizon impalpable. Je voudrais pourtant vous en donner quelques aperçus en piochant au hasard dans ma chère bibliothèque. Peu importent les auteurs que j'aime, ceux de l'enfer comme ceux du paradis. Je veux simplement que nous partions ensemble à la recherche de quelques possesseurs du passé et de leurs âmes dispersées.

Dans mes nombreuses lectures, j'ai beaucoup aimé l'idée développée par Xavier de Maistre dans son « Voyage autour de ma chambre », dont j'ai d'ailleurs deux honorables éditions. Il y a un peu de ça ici. Prenons un ouvrage, délicatement, et recherchons ceux qui, avant nous, y trouvèrent matière à leur existence. Alors, de l'ensemble très incomplet de ces quelques aventures, vous aurez, peut-être, la perception de l'âme du bibliophile qui aura été la mienne. Bon voyage mes amis.

I
Le bibliophile[1]

UN bibliophile restera un être à part. Entendons-nous ! Un bibliophile, un vrai, celui qui aime le livre aussi bien au toucher, au voir comme à la lecture. Tout lui est précieux : l'objet, le texte, la reliure (donc le relieur). Il faut bien aussi y ajouter ce qui sera ressenti comme un snobisme : la rareté. Car le bibliophile, comme tout collectionneur, est un compétiteur qui s'attache à posséder ce qui est rare. Le commun reste à la lecture, le rare à la conservation.

N'est pas bibliophile celui dont le seul ressort est la construction patrimoniale. On engrange du livre comme de l'or. On parle de son catalogue comme des valeurs de la Bourse. De ceux-là je ne désire rien savoir. Leur motivation est vulgaire, nauséeuse. Elle pollue le marché, elle ramène tout au bruit des billets. Mais que j'aime celui qui se passe de renouveler sa garde-robe pour enrichir sa bibliothèque, c'est mon frère d'âme.

Un être à part et un original, voilà bien ce qu'est un bibliophile.

Chaque matin, chaque soir, j'ai longtemps pris le train. J'observais autour de moi les lecteurs. Dernière revue de mode, quotidien, hebdomadaire et, rarement, un bouquin, roman le plus souvent. Mais jamais, jamais, je n'ai vu un LIVRE. Et pour cause, le bibliophile cache ses trésors, à

---

1   J'avais publié ce chapitre dans « à pas perdus », ainsi que quelques autres très « bibliophiliques ». Je trouve cohérent de les placer dans « l'âme du bibliophile ». On me pardonnera je l'espère ces redondances.

l'ombre de la lumière naturelle et des risques de détérioration.

Qu'importe, moi j'avais franchi le pas, entourant de mille précautions l'ouvrage qui accompagnait mes voyages. Évidemment, difficile d'emmener un in-folio armorié avec moi. Je me limitais aux petits formats, par exemple Xavier de Maistre m'accompagnait avec son *Voyage autour de ma chambre*, l'édition *Jouaust* imprimée en 1877 pour la librairie des bibliophiles. Même s'il n'est pas numéroté, l'exemplaire est sur un épais papier de Hollande van Gelder. Pour m'en assurer j'ai recherché – et trouvé – le filigrane. C'est donc un « grand » papier comme on dit. Six eaux-fortes de Hédouin agrémentent le début des chapitres les plus importants. Ils sont d'une finesse qui rappelle Eisen, Gravelot, Moreau... Enfin tous ces maîtres illustrateurs du XVIIIe siècle. La préface de Jules Clarétie est un peu surannée, bien plus que le texte pourtant plus ancien mais si frais.

S'agit-il exactement d'un livre rare ? Pas vraiment. Simplement, c'est un beau petit livre, dans une reliure demi-maroquin, dos à quatre nerfs, coins. Cette reliure de qualité n'est pas signée. D'ailleurs on attendrait une tête dorée, elle ne l'est pas et la tranchefile brodée s'en trouve appauvrie. Le marbré des gardes est très fin cependant. Donc nous avons un livre non numéroté mais sur un papier de luxe, avec une reliure non signée mais de qualité, un texte prestigieux, une édition ancienne et recherchée, une bonne entrée pour un bibliophile débutant, quel que soit le niveau, et une place possible sur les rayons des meilleures bibliothèques. Mais on n'y apposera pas son ex-libris. On ne prendra pas de gants blancs pour montrer ce livre. On le lira simplement, dans un train par exemple. Alors, du reste comme le voulait l'auteur, on s'évadera...

Dans un siècle ou deux, si le temps et les malheurs l'épargnent, le petit bouquin propret prendra du galon. Un libraire, s'il en existe encore, écrira que la qualité de la reliure permet de l'attribuer à Lortic, à Marius Michel débutant ou à tel autre. Il précisera que le papier de Hollande montre qu'il s'agit d'un des rares exemplaires « de chapelle », que le texte, l'un des plus novateurs de la fin du XVIIIᵉ siècle, est ici dans sa meilleure illustration. Enfin, un bibliophile d'alors, il en restera, y apposera sa marque. L'ouvrage rentrera dans la cour des grands, ceux dont la provenance s'inscrit dans les catalogues et, devenu trop précieux, ne sera plus ouvert.

Croyez-vous que dans mes trains quelqu'un m'observait, remarquait la qualité de l'objet que je lisais. JAMAIS ! JAMAIS ! Un bibliophile est un être à part vous ai-je dit. Plus il vieillit moins il côtoie la société de ses semblables. Surtout, plus il vieillit moins il a de semblables.

Les grands bibliophiles, les vrais, ceux qui ont une âme, sont aussi rares que leurs livres. Il faut attendre leur mort pour le savoir. Alors, on fait un catalogue pour la dispersion, la vente à laquelle viendront les survivants avec leurs envies de nécrophages.

L'époque n'est plus aux livres. Les clients se raréfient encore plus vite que la marchandise et les cours s'effondrent. Aujourd'hui les libraires s'interrogent sur leur avenir. Est-ce le creux de la vague et l'espoir d'un renouveau est-il permis ? Je suis assez pessimiste et je souhaite bien avoir tort.

Récemment, un vieux client breton d'un ami libraire l'a supplié de racheter sa bibliothèque, même pour pas grand-chose, même au dixième de ce que cela lui a coûté. « Comprenez ! Après moi, cela sera piétiné, jeté, brûlé peut-être. Mes descendants ne sont pas intéressés…» lui a-t-il dit. Voilà qui fait un peu froid dans le dos. Tout bibliophile est un passeur de rêve et d'éternité. C'est un crève-cœur d'être le dernier d'une chaîne. Comme je comprends ce vieux breton désemparé.

II
Le dernier amour d'Henri IV

JE VAIS vous conter une amourette royale. Enfin, plus qu'une amourette, le dernier amour du grand Roi Henri le quatrième et qui fut un échec. C'est un après-midi de janvier 1609, au Louvre, qu'il voit passer quelques adolescentes vêtues à l'antique. Elles courent vers la galerie d'Apollon pour répéter le ballet des « nymphes de Diane » préparé par la Reine en prévision du prochain carnaval.

Cupidon devait être à l'affût et il décocha son trait dans le cœur du vieux Roi (il a cinquante-six ans). Charlotte de Montmorency avait quinze ans. Leurs regards se croisent, s'accrochent devrait-on dire. Le monarque est troublé, la jeune fille tout autant. Ce fut un instant fugace mais de ceux qui marquent le cœur toute une vie.

Charlotte était promise à Bassompierre, l'ami du Roi. Henri ne fut pas grand ce jour où il fit rompre l'accord pour la marier à son neveu le prince de Condé. Le neveu passait son temps à la chasse ou à la guerre, au demeurant peu intéressé par le sexe faible. Le rang de sa femme la placerait près du Roi à la Cour. Longtemps sans héritier mâle Henri avait fait préparer Condé à lui succéder.

Ce rapprochement accrut la passion du Roi. La jeune femme, fort innocente, ne fit rien pour l'écarter. La Reine, Condé et sa famille, firent tant et si bien que jamais le Roi ne parvint à concrétiser son dernier amour. Il y a bien du romanesque dans cette affaire dont tant d'historiens ont conté les détails. Le cœur du Roi était encore plein de cette pulsion quand le couteau de Ravaillac lui ôta la vie.

Charlotte de Montmorency (1594-1650), « la plus belle femme d'Europe », sera la mère du grand Condé. Son frère, Henri II de Montmorency, qui crut pouvoir défier Richelieu, sera décapité à Toulouse en 1632, au grand dam de la haute noblesse française. Avec son mari, chef de l'opposition aristocratique à la Régence de Marie de Médicis, elle passera de longues années en prison. On sait moins qu'elle fut aussi une femme bibliophile. On trouve de plus en plus rarement sur le marché des livres à ses armes. On peut en voir à Chantilly évidemment. J'ai la chance d'en conserver un, dont la magnifique reliure sort sans doute de l'atelier de Clovis Ève[2] : un beau semé de fleurs de lis avec, au centre des plats, les armes dans un parti « Condé-Montmorency » et le reste des attaches de soie bleue. Il s'agit d'un texte non religieux, une édition critique d'Hérodien par Henri Estienne publiée à Lyon en 1624 chez le libraire Pierre Ravaud, calviniste notoire. Il est loin d'être en parfait état avec des mouillures et l'absence d'une partie de l'index final. Mais cela reste un beau livre avec ses tranches dorées et sa remarquable typographie à deux colonnes, l'une en grec et l'autre en latin. Je m'en contente très bien, en rêvant à la belle Charlotte. Peut-être a-t-elle prêté l'ouvrage à son infortuné frère, qui sait ? Il aurait pu y méditer sur le règne de Marc-Aurèle, Empereur et philosophe stoïcien, dont les « pensées pour lui-même » peuvent aider à bien gouverner mais aussi à bien mourir.

---

2   Note BNF : Fils de Nicolas Ève, Clovis Ève, libraire, relieur et doreur, reprend à sa majorité en 1584 l'atelier paternel, de même qu'il est nommé relieur du roi, charge dont il est titulaire au moins du 13 janvier 1584 à fin mai 1633). C'est à ce titre qu'il exécute les commandes de l'Ordre du Saint-Esprit dont il reste l'interlocuteur privilégié jusqu'à sa mort. Il connaît une remarquable longévité puisque son activité couvre près de quarante années d'exercice, au cours desquelles il propose aussi bien des reliures à semé que des reliures à décor de petits fers dit à la fanfare.

Je préfère au livre parfait un livre qui a une histoire. L'édition est rare et non décrite par Brunet[3]. Il semble que ce soit une reprise de l'originale de 1581.

---

3   Jacques-Charles Brunet, Manuel du libraire et de l'amateur de livres. Les éditions les plus tardives sont préférables car les plus complètes. Moi j'en reste à celle de 1841 en 5 gros volumes. Hélas je ne sais rien de son premier possesseur, bibliophile de goût, qui la fit relier en demi-maroquin bleu nuit, têtes dorées et dos à nerfs [reliures signées : Renier].

III
Henri V et la peine de mort

LE comte de Chambord reste pour les légitimistes le Roi Henri V. Depuis que j'ai lu plusieurs biographies, j'ai une estime assez modérée pour l'homme. Voilà un personnage complexe, sans doute assez dissimulateur, comme l'avait été son grand-oncle Louis XVI qui fut trop intelligent et inhibé pour être un grand Roi.

Les livres d'Henri V furent dispersés par les héritiers. La plus grosse masse fut acquise dans les années vingt ou trente par un libraire londonien qui apposa son étiquette sur les premières gardes : *de la bibliothèque du comte de Chambord (Henri V de France, duc de Bordeaux), né en 1820, acquise par Maggs Bros. Ltd. de Londres.* J'en ai quelques-uns, dont un assez remarquable qui ajoutera ici une lumière nouvelle sur notre Roi sans terre.

Voyons en premier lieu la forme, assez janséniste : in-8, *55 pp., plein maroquin rouge, dos à nerfs, titre doré, filet doré sur les coupes, riche dentelle intérieure dorée, armes dorées sur le premier plat, tranches dorées, gardes de soie blanche [Thouvenin].* Cette belle reliure ne peut évidemment être attribuée au grand Joseph Thouvenin, dit Thouvenin le jeune, puisqu'il est décédé en 1834 et que nous avons là une plaquette datée de 1877. Cela n'en reste pas moins un beau travail. Les grandes armes dorées sont entourées des colliers des ordres du Roi, Saint-Michel et Saint-Louis, puisque Henri en était le légitime dépositaire. Je souligne aussi que le duc de Bordeaux eut de nombreux livres mais ne faisait relier aux pleines armes que ceux auxquels il accordait une certaine importance. En l'occurrence ce détail n'est pas anodin.

Ses détracteurs, encore plus nombreux que ses adulateurs, ont souvent présenté Henri V comme arc-bouté sur les principes de la monarchie absolue d'ancien régime. L'affaire du drapeau blanc étant brandie comme la preuve incontestable de cette position. Je n'ai pas envie ici de débattre de cette inutile controverse. Je renvoie aux travaux des historiens sérieux qui en ont largement nuancé la réalité. Je vais simplement verser au dossier le contenu de mon livre si joliment relié. Il s'agit d'un plaidoyer contre la peine de mort écrit par Valentine de Sellon. Petit ouvrage prémonitoire s'il en est, intitulé « la peine de mort au vingtième siècle » où l'auteur démontre quel sera dans ce domaine le sens de l'Histoire des pays civilisés : l'abolition. Pour la France il faudra attendre encore un siècle : 1981.

IV
Les livres ont une histoire

OUI, les livres ont une histoire. Le plus souvent elle est muette. Pourtant, à partir d'un ex-libris, d'une note enfouie au creux des pages, il est possible de la retrouver, partiellement peut-être. Alors la porte est ouverte, il faut s'y engouffrer rapidement. Le temps et l'espace s'ouvrent à votre imaginaire. En avant pour l'aventure.

C'est ce qui m'est arrivé récemment en faisant l'achat d'un ouvrage de théologie du XVIIe siècle. Ce n'est pas le sujet qui m'intéressait, malgré l'édition originale et assez rare de 1686 écrite par le prêtre oratorien Louis Thomassin (1619-1695). Ce « Traité de l'Office divin pour les ecclésiastiques et les laïques » est sans aucun doute remarquable par son érudition mais ne fait pas partie de mes lectures coutumières. Thomassin, qui avait penché pour Port Royal, se rachète à la fin de sa vie auprès de la Cour par un gallicanisme bon teint et son appui théologique à la Révocation de l'édit de Nantes. Ce bouquin austère eut suffisamment d'attrait pour être réédité au XIXe siècle. Toutes ces causes réunies n'en faisaient cependant pas une seule pour rejoindre mes étagères.

C'est la reliure qui m'attira : un plein veau d'époque, passablement usé, les mors fendus mais encore bien solidaires, un dos orné à nerfs, des tranches rouges, enfin rien que de l'habituel jusque-là. L'étonnant venait des plats où, au XIXe siècle, le baron de Vandeuvre avait fait apposer ses armes dorées. Voilà un grand bibliophile, même plusieurs de cette famille qui, par succession, se transmit le titre baronal des Pavée aux Evain ainsi que les livres. La bibliothèque était considérable et cette provenance est courante dans les ventes de livres aux armes. Cette quantité ne doit pas faire oublier qu'il s'agit le plus souvent de titres rares et intéressants.

Je fis donc cette acquisition en me disant que le bon goût des Vandeuvre ne devrait pas me décevoir. Au premier abord, j'ai pensé un peu le contraire. Certes « L'achevé d'imprimer pour la première fois le vingt-deuxième décembre 1685 » me garantissait une édition originale, la typographie élégante de François Muguet, imprimeur du Roi, avait toute ma sympathie mais je restai sur ma faim comme on dit. La page de titre porte un cachet de bibliothèque à peu près illisible, celui de la « Congrégation de Sainte-Croix », ce qui nous amène auprès du Mans vers le milieu du XIXe siècle. Une mention manuscrite du début du XVIIIe siècle nous permet de remonter encore cette généalogie de la transmission : « Oratorii Cenomanensis[4] ex dono R.P. Billard ». C'est là que commence une histoire un peu moins commune.

Le Révérend père Billard, Pierre de son prénom, était né dans le Maine en 1653 et devait mourir en 1726. Entre ces deux dates, il mena une vie pour le moins mouvementée. À 18 ans, il termine de solides études classiques et entre aux oratoriens de Paris. Il est ordonné prêtre en 1686, l'année de la parution de l'ouvrage de Thomassin. Pour l'heure c'est moins la théologie que l'aventure qui le tente. Il part en mission avec une recommandation du père de Ste-Marthe, supérieur général de l'Oratoire, pour l'évêque de Césaropole. Il s'embarque à Marseille en 1687. On le retrouve à Tripoli, Alep puis en Mésopotamie. J'ai oublié de mentionner son attachement intransigeant au Jansénisme. Sur les bords de l'Euphrate, il fait scission

---

4   Les oratoriens du Mans y avaient un collège célèbre

avec son chef de mission, tenant des jésuites, et s'en va avec deux carmes convertis à ses convictions. Il est arrêté et rançonné par l'Aga de Jasiré avant de se réfugier chez les capucins de Babylone. Son retour en France passe par les Lieux Saints puis par Chypre. Il restera deux ans chez les oratoriens de Grenoble puis revient dans la capitale où il prêche sans retenue la doctrine de l'*Augustinus*. Son nom commence à être connu, ainsi que son opposition à Madame de Maintenon.

Billard part à Tours pour éviter l'embastillement. Sa haine des jésuites s'est exacerbée et il publie dans la cité saint-martinienne un pamphlet en trois volumes, dont le titre apocalyptique montre toute la violence : *La Beste à sept têtes ou Beste jésuitique, conférences entre Théophile et Dorothée. Cologne (Tours) 1693.* Cela lui vaut la prison à Tours en février 1694. Ses manuscrits et deux cents volumes de sa bibliothèque sont saisis. Il est ensuite transféré à la Bastille où il pourra méditer sur les heurs et malheurs de la condition humaine durant deux ans et demi. Ce séjour l'aura assagi, on le scrait à moins. On le transfère chez les missionnaires de Saint-Lazare. Ce n'est qu'à la fin de l'année 1699, sur l'intervention du père de La Chaise auprès du Roi, qu'il recouvre la liberté totale.

Il se retire alors près de Paris et ne fait plus parler de lui. Le sang de la jeunesse a cessé de bouillir. Il écrit alors divers traités, totalement orthodoxes cette fois, dont la plus grande partie ne sera jamais publiée, très inspirés de ceux du père Thomassin. Il meurt à Charenton en 1726, totalement oublié.

Voilà, je regarde différemment cet ouvrage désormais. Je le manipule avec un soin particulier et je remercie le baron de Vandeuvre pour ce voyage.

V
Le livre d'un saint

IL A dû bien voyager, sa reliure n'est pas en parfait état, tant s'en faut : le veau ancien est frotté, des petits manques de-ci de-là, des coins rognés, des coupes en ruine. Elle a une curieuse particularité : qu'il s'agisse des fers sur les plats, sur la pièce de titre ou entre les nerfs, ils sont tous apposés à froid, sans or donc.

Venons-en au contenu, nous parlerons du premier possesseur plus tard. *Les epistres de Seneque, traduites par Mr de Malherbe* sont ici publiées au format *quarto* par Antoine de Sommaville, dont la boutique était *au Palais, dans la petite salle, à l'Escu de France.* Cette édition eut un gros succès, l'originale est de 1637 et celle-ci de 1648. Elle a en frontispice le beau portrait de Malherbe gravé par Isaac Briot (1585-1670), de cette famille remarquable de graveurs lorrains. Avec a été reliée la *Suitte des epistres de Seneque, traduite par Pierre du Ryer*, chez le même libraire-éditeur, à la même date et au même format. Il s'agit d'une édition originale, avec la mention : « *Achevé d'imprimer pour la première fois, le vingt-neufième mars 1647* ». La date de 1648 portée sur la page de titre correspond à l'édition des deux titres réunis, celui de Malherbe avec celui de du Ryer, mais l'impression est bien celle de 1647 pour le second texte.

Voilà donc une assez bonne édition, chez un bon éditeur, de bons auteurs. Ce n'aurait toutefois pas été suffisant pour intégrer mes rayonnages si le fer aux armes n'avait pas été si prestigieux.

Quand j'achetai l'ouvrage, son premier possesseur n'était pas identifié. Je pense que le libraire avait dû faire quelques recherches mais l'héraldique est une science qui suppose une bonne mémoire visuelle. Pour ma part, recevant le bouquin et jetant un œil sur le fer armorié des plats, je reconnus immédiatement la famille : Montmorency-Laval. De plus, la couronne ducale familiale était surmontée d'un chapeau de prélat duquel, de chaque côté, pendaient trois « houppes », signe que j'avais affaire à un évêque.

Cette branche de la famille de Montmorency a eu deux prélats : François (1647-1708) et Louis-Joseph (1724-1808). Une mention manuscrite ancienne montre que l'ouvrage était passé à un certain Damblard en 1711. Tout milite donc pour que ce soit François de Montmorency-Laval, évêque de Québec en 1678, qui ait été le premier possesseur et non son petit-neveu Louis-Joseph, évêque d'Orléans en 1753, de Condom en 1758, prince-évêque de Metz en 1760 et cardinal en 1789.

S'agissant des reliures armoriées, il existe une documentation indispensable pour s'assurer du titulaire d'un fer. En premier lieu, *l'armorial du bibliophile*, de Joannis Guigard[5]. Cet ouvrage à le mérite d'être le premier du genre. Il est malheureusement truffé d'erreurs. Le second, plus important, est le considérable travail de trois passionnés : le docteur Eugène Olivier (1881-1964)[6],

5   Bachelin-Defolrenne, Paris, 1870-1873, 2 volumes in-4. Mon exemplaire est en ½ chagrin rouge à coins, dos à nerfs richement orné à chaud et à froid, tranches marbrées [Munier, relieur rue Saint-Jacques]. Il est truffé d'une lettre de l'auteur au docteur Ludovic Bouland (1839-1932) et de l'ex-libris de ce dernier, bibliophile distingué, qui fonda en 1893 la Société Française de Collectionneurs d'ex-libris et de reliures artistiques. Je reviendrai peut-être sur ce dernier dont je possède le manuscrit d'un petit « curiosa » assez inattendu.

6   Dont la bibliothèque héraldique fut vendue à Drouot en 1939 (catalogue publié par Bosse et Saffroy, 368 lots).

Georges Hermal, dont on sait peu de choses et le capitaine Robert de Roton (1885-1950), à qui l'on doit plusieurs ouvrages sur la noblesse ou la bibliophilie. Ces trois auteurs publièrent chez Bosse à Paris, de 1924 à 1938, 29 volumes de planches reproduisant les fers des reliures armoriées qu'ils avaient traquées dans toutes les grandes bibliothèques publiques ou privées. Cet ensemble est difficile à trouver. J'ai pour ma part réussi en trente ans à en réunir la majeure partie avec difficulté. Comme les planches sont sous emboîtages fragiles, ceux-ci sont le plus souvent en mauvais état. La reliure n'est pas aisée ici, il faut coudre ou monter sur onglets, ce qui nécessite un travail long et par conséquent onéreux. On voit parfois des ensembles reliés dans de belles ventes. Les prix sont alors très élevés. Seules les neuf premières séries que je possède sont habillées de belles reliures en vélin ancien, dos à nerfs. La justification du tirage ne figure que sur la première série dont tous les exemplaires ont été numérotés[7].

Le dernier et trentième volume du « Manuel de l'amateur de reliures armoriées françaises » est constitué des tables générales et notamment d'un index héraldique particulièrement utile pour retrouver le titulaire d'un blason, que ce soit sur une reliure ou ailleurs. La somme réunit ici ne pouvait évidemment pas être exempte d'erreurs. Je reviendrai au gré de ce voyage dans ma bibliothèque sur quelques unes et d'autres omissions.

Toute cette digression bibliophilique pour vous dire que le fer de Monseigneur de Laval-Montmorency n'est référencé nulle part. La première conclusion qui s'impose est donc sans aucun doute sa relative rareté. Le personnage est intéressant. Il est né dans le département de l'Eure et appartient à la branche normande de l'illustre famille. Je crois me souvenir que les Mallard de La Varende lui

---

7   20 exemplaires sur Japon, 1 025 exemplaires sur vélin.

étaient apparentés et que l'auteur de « Nez de cuir » y accordait une grande importance.

Monseigneur de Laval arrive en « Nouvelle France » en 1659. Quand Louis XIV établit le « Conseil Souverain de la Nouvelle France » en 1663, François de Laval en est le premier gouverneur. Dix ans plus tard, le pape Clément X crée le diocèse de Québec dont François de Laval est le premier titulaire. Son domaine pastoral est immense, de la baie d'Hudson au Mississippi. Il le parcourt de long en large, prenant en grande considération les populations indiennes dont il prend toujours la défense. Il revient plusieurs fois en France, démissionne de son évêché en 1685. En 1700, il revient à Québec, se retire au séminaire qu'il avait fondé et y meurt en 1708. Son gisant est visible dans la cathédrale N-D-de-Québec.

François de Laval a mené une vie exemplaire, pratiquant la renonciation aux biens matériels, l'humilité et même la pauvreté. Béatifié en 1980 par le pape Jean-Paul II, il sera canonisé en 2014 par le pape François.

J'ouvre le vieil ouvrage au hasard. Je pense à l'homme épris de foi et du nouveau monde qui fit de même, je lis : *C'est la gloire d'un bon maître d'avoir peu d'espace et d'y loger tout. C'est une chose grande, sans mentir, d'avoir la faiblesse d'un homme et la sécurité d'un Dieu.* Je referme avec soin la pensée de Sénèque traduite par Malherbe et relue par monseigneur de Laval, arrière-grand-oncle de La Varende. Je suis bien entouré au milieu de mes livres.

VI
Le missel du prince

LES beaux missels ne sont pas rares. J'en ai récupéré beaucoup dans ma famille maternelle, avec ces opulentes reliures en plein maroquin où les monogrammes dorés permettent les identifications. À l'intérieur, les petites cartes de communion ou de deuil résument les vies des uns et des autres. Mais ce n'est pas d'un de ceux-là dont je vais vous parler.

Au long de ma quête de reliures héraldiques, j'ai assemblé une petite dizaine de ces missels joliment armoriés ou monogrammés avec couronnes diverses. Léon Gruel (1841-1923)[8], le relieur, et son demi-frère Edmond

---

8 Notice de la Bibliothèque nationale de France : Léon Gruel accorde une place nouvelle à la reliure d'art. Il devient seul propriétaire de l'atelier en janvier 1891, à la mort de son demi-frère Edmond. Sa boutique du 418 rue Saint-Honoré, véritable salon aménagé sous l'atelier installé à cette adresse en 1878, toujours dans le quartier de la Madeleine, est alors considérée comme un petit musée de la reliure. Praticien renommé, Léon Gruel se veut aussi de fait un historien de la reliure. Sa principale publication est le *Manuel historique et bibliographique*, paru en 1887 et complété d'un second volume en 1905, qui retrace, après une brève introduction sur les styles, l'histoire de la reliure et de ses artisans sous la forme d'un répertoire alphabétique, abondamment illustré. Au tournant du XXe siècle, fort de la réputation internationale de sa maison, il atteint quasiment un statut de relieur officiel. Il se retire des affaires en 1901. Je profite de cette note pour mentionner un ouvrage relié par Gruel dans un très beau ½ maroquin que j'ai acquis il y a fort longtemps, ouvrage intégralement gravé et dont je ne trouve mention nulle part : « Livre nouveau et utile pour toutes sortes d'artistes, et particulièrement pour les orfèvres, les orlogeurs, les peintres, les graveurs, les brodeurs et contenant quatre alphabets de chiffres fleuronnez au premier trait avec quantité de devises, d'emblesmes et de nœuds d'amour, avec une table exacte pour trouver en général tous les noms et surnoms entrelassez... *Amsterdam*, s.d. ». Fait par Peter Schenk l'ancien (1660-1718) ou son fils Peter Schenk le Jeune (1693-1775). Notre exemplaire contient 18 planches, dont une en double, auxquelles a été ajoutée une suite de 19 planches de chiffres, non répertoriées, toutes gravées sur un papier filigrané aux armes de la ville d'Amsterdam, comme la première série. Cet ouvrage n'est pas connu de la BNF qui ne cite de semblable ouvrage que celui de Daniel de La Feuille fait avec le même titre, également à

Engelmann, l'imprimeur-éditeur, s'associèrent pour faire des merveilles dans ce domaine. Des ouvrages parfois enluminés, rappelant les « Heures » médiévales, reproduisant les cuivres les plus fins de la renaissance pour donner à chacune de leur production une finesse restée inégalée, dont la bonne société fit la fortune autant que la renommée. La typographie y est parfaite, le papier incomparable, la reliure sublime. Parfois, mais c'est rare, on retrouve ces petites merveilles d'élégance dans leur boîte d'origine, enrobées de soie.

Ils furent imités, le marché était juteux. On pense à Léon Curmer (1801-1870), qui même les précéda. Cet éditeur, aux productions recherchées, sut s'entourer d'artistes raffinés. Dans les concurrents directs de Gruel-Engelmann, il faut aussi placer au premier plan le relieur Lesort qui habille des « heures » imprimées à Tours chez Alfred Mame & fils. Ses reliures se parent souvent de plaques en argent reproduisant les armes et incrustées sur le premier plat des maroquins. On doit aussi mentionner les impressions remarquables de Damase Jouaust (1834-1893), fondateur de la librairie des bibliophiles, qui reprit comme emblème l'ancre des Alde avec la devise *occupa portum*, tirée des odes d'Horace. La production de ce dernier est bien plus connue dans le domaine profane.

Ce « paroissien de la Renaissance » édité par Gruel-Engelmann en 1883 possède une reliure en plein maroquin de type dit « janséniste », c'est-à-dire sans décor orné outrancier et avec un dos muet de toute mention hormis, en queue, en tout petit, la signature dorée de « Gruel ». On a tout de même deux filets dorés sur les coupes. Dès que l'on ouvre l'ouvrage, le luxe fait son apparition : superbe dentelle dorée à l'intérieur des plats garnis de soie moirée

---

Amsterdam, en 1707, mais dans un format in-16 alors que le nôtre est in-8.

ainsi que les doublures. Les tranches dorées, gravées à l'acide d'une dentelle d'encadrement et portant, chacune, la devise « DEO JUVANTE ». Quand je fis l'acquisition à distance de cet ouvrage remarquable, ce détail n'était pas indiqué. Seul était mentionné ce beau chiffre couronné en argent ornant le premier plat. Une seule lettre, un grand A tarabiscoté que surmontait une couronne. La couronne était royale, ce qui n'était pas, non plus, précisé.

En défaisant mon paquet, précieusement emballé dans du papier soie par le marchand libraire, je sus immédiatement l'origine du merveilleux petit livre. C'est là une des joies du bibliophile de découvrir des trésors dans la solitude de sa bibliothèque. La devise était celle des Grimaldi. Quant à la date de 1883, associée à la lettre A, elle désignait sans aucun doute le prince Albert 1er (1848-1922), celui que l'on surnomma le « prince de la mer », qui devint prince souverain de Monaco en 1889 au décès de Charles III.

Voilà un prince éclairé et qui marqua son époque. On lui doit le musée océanographique construit à Monaco de 1899 à 1910, remarquable écrin des découvertes de ce prince savant. Mais écrin vivant, doté des moyens de recherches, dont il disait : « je l'ai donné comme une Arche d'alliance aux savants de tous les pays ».

Ce prince milita pour la paix, s'interposa entre les souverains belliqueux pour la maintenir. La grande guerre de 1914-1918 fut un échec, un drame absolu, dont ce prince visionnaire sentit l'affreux carnage. Cela le mina et il survécut peu au cataclysme.

Le « Rocher » lui doit beaucoup mais Paris également où il fonda l'Institut océanographique et l'Institut de paléontologie humaine. Il restait très attaché à cette ville où il avait étudié (Stanislas) et noué de solides amitiés.

C'est dans la capitale qu'il épouse, en seconde union, le 30 octobre 1889, retenez cette date, une blonde américaine de 32 ans, veuve du duc de Richelieu, Alice Heine (1858-1925), laquelle tenait à Paris un salon brillant. Proust, dit-on, s'inspira d'elle pour le personnage de la *princesse de Luxembourg*. Sa titulature complète est impressionnante : *Son Altesse Sérénissime la princesse Alice de Monaco, princesse de Monaco, duchesse de Richelieu, de Fronsac, de Valentinois, de Mazarin et de Mayenne, princesse de Château-Porcien, marquise de Jumilhac, des Baux-de-Provence, de Guiscard et de Chilly, comtesse de Carladès, de Thorigny, de Longjumeau, de Ferrette, de Belfort, de Thann et de Rosemont, baronne du Buis, de Saint-Lô, de la Luthumière, de Hambye, de Massy, du Calvinet et d'Altkirch, dame de Saint-Rémy, de Matignon et d'Issenheim.*

Gabriel-Louis Pringué évoque la rencontre entre le prince et Alice à Madère[9]. C'est possible mais je pense qu'Albert dut fréquenter le salon d'Alice par l'entremise de son ami le duc de Rivoli[10], marié avec une cousine de celle-ci. Rivoli avait été député des Alpes-Maritimes de 1863 à 1871 et il fit construire la belle villa Masséna à Nice (devenue le musée Masséna). C'était un voisin. Il fut le témoin de prince lors de son second mariage.

Une mention sur l'une des premières gardes confirme tout cela. Le prince donne le paroissien au duc, le lendemain de la cérémonie. Il écrit cette mention : *31 octobre 1889 - Don à Rivoli.*

Voilà un gentil petit tour dans le monde des arts, des sciences, de la gravure et de la bibliophilie, mené avec la

---

9   Gabriel-Louis Pringué, *30 ans de dîners en ville*, éd. Revue Adam, 1948
10   Victor Masséna (1836-1910), duc de Rivoli et prince d'Essling.

meilleure compagnie que j'ai eu un réel plaisir à parcourir avec vous.

VII
Promenade à Valençay

VOUS raconter l'histoire de Valençay pourrait être totalement hors de propos si quelques éléments bibliophiliques ne nous y amenaient. La grande bâtisse est surtout associée à Talleyrand alors que nous avons là un ensemble commencé sous la Renaissance par Jacques d'Estampes dans le goût du proche Chambord. L'un de ses petits-fils sera archevêque de Reims, mort en 1651[11]. J'ai de ce dernier un gros in-folio aux plats ornés de ses armes. La reliure est fort défectueuse, je décris d'ailleurs le bouquin comme dérelié dans mon catalogue. Le contenu est fort intéressant, très frais et grand de marge. Il s'agit d'un recueil des pièces écrites par Mathieu de Morgues pour défendre la Reine mère et publié à Bruxelles en 1637. De fait un ensemble de pamphlets contre Richelieu. Ce bouquin est assez rare, le Cardinal en aurait fait détruire la plus grande partie dès leur entrée en France. Après la mort de Richelieu, il y eut une seconde édition qui est un peu plus courante.

Mais revenons à Talleyrand, acquéreur du château sur ordre de l'Empereur en 1803. Je me targue (avec humour) d'être son parent. Notre ancêtre commun est Jehan IV de Chaugy (1450-1517). Les princes légitimes d'Espagne

---

11 Léonor d'Estampes de Valençay, né en 1588, avait embrassé l'état ecclésiastique et fut nommé abbé de Bourgueil en Anjou. Ce fut en cette qualité qu'il fut député, avec l'évêque d'Angers, aux États Généraux de 1614, par le clergé de la sénéchaussée d'Anjou. Après la mort de Philippe Hurault, son cousin, en 1620, il fut choisi pour lui succéder à l'évêché de Chartres ; il fit son entrée dans sa ville épiscopale le 22 décembre 1620. En 1641, il fut promu à l'archevêché de Reims ; il possédait aussi l'abbaye de Saint-Martin de Pontoise et quelques autres bénéfices. Il mourut à Paris le 8 avril 1651.

furent en résidence surveillée au château de Valençay durant cinq années qui prirent fin en 1813. Le château fut remeublé à cette occasion et muni d'une bibliothèque classique qui ornait la grande galerie comme on peut le voir sur une photographie ancienne[12].

Toutes les choses ont une fin et la bibliothèque de Valençay fut je crois dispersée il y a quelques années. J'ai eu l'occasion d'acheter des ouvrages assez secondaires, tardifs, mais toujours bien reliés avec de beaux ex-libris.

Il y a peu d'années, un ami libraire me proposait un bel ouvrage provenant de la bibliothèque de Valençay, avec ex-libris armorié et cachet assurant cette provenance. Il s'agit de la « *Notice de l'ancienne Gaule, tirée des monuments romains, dédiée à S.A.S. Monseigneur le duc de Chartres* », écrite par Jean-Baptiste d'Anville, publiée à Paris en 1760 chez Desaint, Saillant et Durand, sous le privilège de l'Académie : un bel in-4, plein veau raciné d'époque, triple filet doré sur les plats, roulette dorée sur les coupes et les gardes, avec un dos finement orné. Une édition originale rare à laquelle manquait la carte dépliante de l'ancienne Gaule que j'ai retrouvée et réinsérée depuis. C'est une belle pièce, digne des meilleures bibliothèques avec un tel pedigree. De plus, le contenu est une somme passionnante et érudite sur tous les lieux de la Gaule citée dans les textes anciens. Je me dis que mon cousin le prince de Bénévent a sans doute lu le livre et les princes d'Espagne également. Un bibliophile se hausse toujours un peu du col. Il tient dans ses mains la meilleure société, enfin celle de son choix.

---

12 In *Merveilles des châteaux du Val-de-Loire*, Hachette, 1970 p. 264. Je recommande à tout bibliophile ayant un peu de place cette merveilleuse série en onze volumes qui révèle tant de trésors méconnus et l'intimité de ces écrins merveilleux du goût français.

Une petite étiquette, collée au coin supérieur de la première garde, montre que le bouquin est passé par la librairie H. Daragon qui officiait entre les deux guerres. Il a donc été « distrait » anciennement de Valençay, je l'espère le plus légalement du monde. Daragon était célèbre pour avoir édité en 1930 l'almanach des collectionneurs d'ex-libris, toujours très recherché. Nous restons en bonne compagnie.

Dans les années quatre-vingt-dix, je rencontrai à Orléans un vieux monsieur charmant qui était président d'honneur des amis de Talleyrand. Nous fîmes quelques échanges de boutons de livrée et discutâmes beaucoup des Dino et des Sagan. Je lui prêtai un petit ouvrage qui lui plut sur Talleyrand, avec un bel envoi de l'auteur à la marquise de Castellane[13]. Une assez jolie petite reliure que ne dépare pas la tête dorée. Nous échangeâmes nos ex-libris. Le sien représentait le château de Valençay qui avait été le paysage prestigieux de son enfance. Après sa mort, j'ai collé l'ex-libris dans l'ouvrage en souvenir de lui.

---

13   Bernard de Lacombe, *La vie privée de Talleyrand,* Paris, 1910,

VIII
L'esprit français

CE petit ouvrage du XVIIIe siècle concentre toutes les qualités de la bibliophilie française d'ancien régime. L'orage s'annonçait et, parallèlement, la quintessence de l'esprit français explosait dans les arts et le goût.

Le livre de ce chapitre est anonyme mais on l'attribue à Louis-César de La Baume-Le Blanc, duc de La Vallière (1708-1780)[14]. Cette famille avait évidemment profité des faveurs de Louis XIV pour la belle Louise, de qui vient le duché, laquelle donna tout de même au Roi six enfants avant d'être reléguée au couvent.

Le dernier duc de La Vallière, petit-neveu de la favorite, mena une carrière militaire honorable. Il fut aussi l'ami de madame de Pompadour qui le nomme directeur de son théâtre privé. Dans ses « mémoires secrets », Bachaumont l'éreinte sauvagement mais reconnaît tout de même qu'il : *« mérite cependant qu'on conserve son nom à la postérité comme auteur distingué, comme protecteur des lettres... ».* C'est l'un des plus grands bibliophiles du XVIIIe siècle. Il a laissé son nom à une teinte de maroquin, de nuance feuille morte. Je savais que ce détail vous ferait plaisir. Après sa mort, sa bibliothèque a été vendue en trois vacations en 1767, 1783 et 1788. Celle de 1783 est rassemblée dans un catalogue édité par de Bure, toujours

---

14 Cela me fait souvenir que dans le catalogue de ma bibliothèque héraldique et généalogique figure un ouvrage d'Eugène Le Brun : Les ancêtres de Louise de La Vallière. Généalogie de la maison de La Baume Le Blanc. *P.*, 1903, in-8, br., 140 pp. Agrémenté d'un envoi à M. Gélis-Didot (1853-1937), auteur de nombreux articles et ouvrages historiques.

recherché. Le comte d'Artois en avait acquis une grosse partie que l'on retrouve à la bibliothèque de l'Arsenal.

On lui attribue donc ce « *Ballets, opéra et autres ouvrages lyriques par ordre chronologique depuis leur origine, avec une table alphabétique des ouvrages et des auteurs* », petit in-8 de 3f-298pp-1f. sur la description duquel je reviendrai. Il a été édité par Jean-Baptiste Bauche, « *Libraire à l'image Sainte-Geneviève et à Saint-Jean dans le désert* », en 1760.

Un ouvrage de bibliophilie fait par un bibliophile. Si le genre est assez courant à partir du XIXe siècle, on a là l'un des premiers modèles du genre, véritable travail d'érudit qui a dû demander au duc de La Vallière de longues années dans les bibliothèques. Le premier titre daté décrit est : « *La magnificence de la superbe & triomphante entrée de la noble et antique cité de Lyon, faite au Très-Chrétien Roi de France... Le 23 septembre 1548* », publié par Guillaume Rouille à Lyon en 1549 au format in-4 ; le dernier est : « *Le temple des chimères, divertissement en un acte, représenté en société, paroles de M. le Président Hénault, musique de M. le Duc de Nivernois* » paru en 1758 au format in-4.

L'exemplaire est grand de marge (115*175), ce qui veut dire que le relieur n'a pas massicoté en deçà du raisonnable, qu'il n'avait pas consigne de rabioter sur le maroquin pour baisser le coût. Un beau maroquin d'époque, rouge ancien, avec triple filet doré en encadrement des plats, armoiries dorées au centre des mêmes plats, dos lisse orné, pièce de titre en maroquin olive, filet doré sur les coupes, roulette intérieure dorée et, pour finir, toutes tranches dorées. Pour être tout à fait honnête, le catalogue d'un libraire précisera : *Mors frottés* *et fendus, coins frottés mais reste de très belle présentation.*

Les armoiries comportent deux blasons accolés. Ce fer est donc féminin et désigne une personnalité attachante puisqu'il s'agit de Béatrix de Choiseul-Stainville, duchesse de Gramont, sœur d'Étienne-François de Choiseul-Stainville, « Premier ministre » de Louis XV, sur lequel elle exerça une influence considérable. Béatrix de Gramont (1730-1794) fut une femme au caractère fort, qui eut aussi un goût affirmé pour les choses de l'Art. Elle avait constitué une bibliothèque d'une grande qualité, dont les volumes, consacrés principalement aux Lettres et à l'Histoire, étaient simplement mais élégamment reliés dans un maroquin d'une « qualité exceptionnelle [...] dont la couleur a résisté à l'action incisive du temps »[15]. Je le confirme avec l'ouvrage en main. Celle dont on disait qu'elle avait « le courage et le cerveau d'un homme » ne baissa pas la tête devant le tribunal révolutionnaire de Fouquier-Tinville. Il la condamna, avec son amie Mme du Châtelet, à l'échafaud, en 1794. Au cours de son procès, on lui demanda si elle avait envoyé de l'argent à des émigrés. Elle répondit : *j'ai pensé un instant vous répondre « non », mais ma vie ne vaut pas un mensonge.* Cette réponse, à elle seule, concrétise pour moi ce que j'appelle « l'esprit français ».

À la fin de l'ouvrage, l'éditeur a fait insérer un feuillet avec la « liste des fautes qui ont échappé à l'imprimeur ». Dans la marge, une fine écriture d'époque a noté : « Errata

---

15 « *Les livres de la duchesse de Gramont se recommandent surtout par la qualité exceptionnelle du maroquin dont la couleur a résisté à l'action incisive du temps. Le soin [d'exécution]... Justifie l'empressement dont ils sont l'objet de la part des bibliophiles et les prix quelquefois élevés qu'ils obtiennent dans les ventes publiques* ». (E. Quentin-Bauchart, *Les Femmes Bibliophiles de France*, II, pp. 108-110).

corrigé ». En effet, toutes les fautes signalées sont de même corrigées dans le texte. Je remercie celle qui a tenu cette fine plume, sans aucun doute la duchesse de Gramont.

Voilà déjà une belle histoire, toute bibliophilique, mais elle ne s'arrête pas là. Le livre a continué sa vie et resta dans la famille. Un bel ex-libris armorié nous apprend qu'il appartint à la duchesse de Clermont-Tonnerre, née Gramont. Élisabeth de Clermont-Tonnerre (1875-1954) est une femme de lettres célèbre de la première moitié du XXe siècle. Elle était l'amie de Proust et de Robert de Montesquiou. Femme moderne s'il en est. Elle divorcera du duc pour vivre sa relation lesbienne avec la femme de Lettres américaine Natalie Clifford Barney (1876-1972). Élisabeth sera surnommée la « duchesse rouge ». Elle soutint le « Front populaire ». Pourtant, et c'est ce paradoxe qui me plaît, elle décrit avec nostalgie dans ses mémoires *le temps des équipages* dont elle ne reniait pas les heureux souvenirs.

IX
À raison cède

J'AI mentionné de façon très elliptique *l'ancêtre malheureux* Jean de Coras dans un « *long et douloureux frisson de fierté* ». Quelques lettrés le connaissent. Il fut remis en lumière au moment du film « Martin Guerre » par le scénariste homme de Lettres Jean-Claude Carrière, mon lointain cousin colombiérois. Nous sommes ici en famille.

À la fin de la première décennie du présent siècle, je lorgnais depuis longtemps un « Jean de Coras » rarissime : le dialogue apocryphe entre Adrien et Epictète qu'il traduit du latin en français durant l'hiver 1557-1558. Il y en a eu deux éditions la même année 1558, la première et plus rare à Toulouse, chez Antoine André, libraire à La Porterie, à l'enseigne de l'Écu de Venise, la seconde à Paris. Dans son propos liminaire, Jean de Coras nous dit : *Sur le mois d'octobre dernier, que la contagion de peste s'échauffait plus cruellement en cette ville de Toulouse, je me retirai quelques jours aux champs, où revoyant mes livres rustiques, se présenta de bonne fortune un dialogue latin de l'Empereur Hadrien et du Philosophe Epictète contenant soixante-treize questions et autant de réponses, que j'estimai digne de notre vulgaire et des annotations nécessaires, tant pour richesse de l'argument, fruit et utilité du sujet, élégance de paroles et gravité de sentences, pleines de toute érudition, que pour autant aussi qu'on y peut apprendre beaucoup d'honnêtes exhortations pour bien, vertueusement et saintement vivre.* Aux champs ? En fait il retourna dans sa ville natale de Réalmont où il possédait encore des biens. Ma famille maternelle vient de là. Elle quitta le lieu au début du XVIIe siècle à la suite d'une querelle vidée dans le sang pour finalement s'installer dans le Biterrois. Mais auparavant, une fille du jurisconsulte célèbre avait eu le bon goût d'épouser mon irascible ancêtre. Ce n'est pas que je me rengorge particulièrement de cette ascendance, mais le personnage est intéressant. Dans ce travail de traduction il introduit toute une réflexion humaniste où se devine déjà une synthèse personnelle entre le stoïcisme des antiques et le calvinisme des modernes. Actif dans le camp protestant pendant tout le début des guerres de Religion, il meurt victime de la Saint Barthélemy. Son cadavre est pendu en robe de parlementaire. La devise de Jean de Coras, anagramme de son nom, était « À raison cède ». Et bien, j'ai résisté à la raison, la crise économique d'alors se traduisant aussi par des baisses de prix significatives chez les libraires, j'ai sauté le pas et me suis porté acquéreur de l'édition toulousaine habillée d'un plein maroquin janséniste et toutes tranches dorées.

L'expérience calviniste de la famille s'arrêta vite. Le petit-fils de Jean de Coras, Jacques, poète et auteur dramatique, devait abjurer publiquement en 1665 au moment de la Révocation. De mon côté, la famille fixée (réfugiée) au nord de Béziers, semble également hésiter puis basculer définitivement vers 1640.

Je connais la provenance ancienne de l'ouvrage. Au XIXᵉ siècle, il fut acquis par Jules Bobin, surnommé « le Professeur » par ses familiers, employé au Ministère de la guerre (d'autres disent « grand libraire »), il était très proche de Huysmans mais aussi ami de Zola et de Maupassant. Huysmans lui dédia " La Rue de la Chine " dans ses *Croquis parisiens*. Il avait réuni une bibliothèque de très beaux livres rares que l'on voit régulièrement passer dans les grandes ventes. C'est vraisemblablement lui qui fit relier luxueusement l'ouvrage par Raparlier, grand relieur parisien qui exerça entre 1885 et 1900.

Ensuite, il fut acquis par Marie-Anne Colson (1893-1971) qui apposa son ex-libris sur le premier contre-plat. Elle était née Mareau à Sainte-Gemmes-sur-Loire, épousa d'abord M. Malville, propriétaire et directeur du cinéma parisien "Le Colisée", ce qui lui permit de fréquenter le monde du cinéma. Après son veuvage, elle rencontra et partagea sa vie avec Germaine Dulac (1882-1942), féministe et pionnière de l'avant-garde cinématographique française des années 1920-1930. Elle épousera ensuite Georges Colson. À la mort de Germaine Dulac, Marie-Anne Colson fonda sa propre société de production cinématographique : "Les productions Markab", où elle produisit une quinzaine de courts métrages en tant que réalisatrice ou comme productrice. À la suite de la première femme de Georges Colson, elle complétera et réunira une bibliothèque de qualité. Son ex-libris, sur lequel figure Pégase, fait directement référence à sa société Markab, dont le nom est celui de l'une des étoiles les plus brillantes de la constellation de Pégase. Décidément, le cinéma tourne autour de cette affaire.

Après mon acquisition, j'écrivais : *la typographie de ce livre est sublime et sa lecture agréable. Avoir une petite bibliothèque de quelques livres rares est un plaisir peu fréquent. Compte tenu du coût et de la rareté des pièces intéressantes, cela demande du temps. Mais avec le temps le goût de chacun évolue, se forge, se diversifie. La recherche d'une unité est donc illusoire et par trop restrictive. Je n'aurai donc aucun autre conseil de bibliophile à donner que de se faire plaisir. Je me souviens, il y a une trentaine d'années, de mon ami Guy Bechtel me disant, après s'être séparé de sa bibliothèque ésotérique : maintenant je vais me borner aux incunables avec l'objectif d'en réunir une centaine. Il avait ensuite largement dépassé cette cible puis s'était spécialisé dans la recherche des impressions gothiques françaises, incunables ou non. Devenu le spécialiste mondial du genre il a récemment publié le dictionnaire du domaine. Cette spécialisation progressive est à l'opposé de mon évolution. Ma bibliothèque « héraldique » s'est progressivement ouverte sur l'histoire, la littérature même. Le défaut de mon approche est le manque de place, ce que l'hyper-spécialisation, la rareté donc, permet d'éviter. Oui, se borner au parfait c'est se borner tout court, mais la vie est bornée, le temps est compté et je préfère infiniment m'ouvrir à l'inconnu que de parfaire ce que je connais déjà.*

J'en suis revenu de l'ouverture. Guy Bechtel, atteint par l'âge et désireux de gérer l'avenir de ses livres, en a organisé la vente. Les meilleurs spécialistes sont venus du monde entier. Il reste de cette aventure un merveilleux catalogue. C'est ainsi que se résume le plus souvent la vie des plus grands bibliophiles. J'ai d'abord été peiné de ce renoncement. Puis je l'ai compris. J'en ai mesuré tout le courage. Je n'en suis pas là. D'y songer simplement me serre le cœur.

Nous allons ensemble continuer de rêver autour de mes livres et de leurs histoires singulières. Je remets le « jean de Coras » en place après lui avoir apposé mon ex-libris à l'angle dextre du premier contre-plat. J'ai oublié de vous dire que l'exemplaire avait été anciennement « réglé », à l'encre, ce qui est un travail considérable dont la raison, peut-être purement esthétique, m'a toujours échappé. J'ai aussi oublié de préciser une particularité remarquable : l'avant-propos de quatre pages est typographié en caractères cursifs se rapprochant de l'écriture. C'est un des tout premiers exercices d'imprimerie du genre, un an seulement après l'apparition du *caractère de civilité* à Lyon en 1557.

X
Marquons une pause[16]

LAISSONS un peu de côté les pièces rares pour éviter l'échauffement de l'esprit. C'est comme dans les grands musées : la succession des œuvres les plus belles finit par lasser. Moi, quand je retourne au Louvre, je file seulement voir les effets de lumière de Georges de La Tour (1593-1652). Je sais bien qu'il y a des merveilles autour, je les connais bien, mais je me limite à retrouver une émotion ancienne et toujours renouvelée. J'évite la saturation née de la profusion des trésors.

Si vous le voulez bien – et comment feriez-vous autrement ? - Nous allons consacrer cette première pause à ce qui m'a longtemps semblé un peu mystérieux dans la description des livres.

Le format des vieux ouvrages est souvent mentionné dans les catalogues des libraires en livres anciens sous la forme in-folio, in-4 (quarto), in-8 (octavo), in-12 etc…

Je savais que cela correspondait au pliage de la feuille de papier après l'impression du texte, en deux (in-folio), en quatre (in-quarto), etc.… Mais j'étais toujours étonné de voir que le format réel n'était pas proportionné à ce pliage. J'ai découvert que cela vient tout simplement du format initial de la feuille de papier, sujet à des variantes.

Ainsi, on trouve des in-4 plus petits que des in-8, etc.… Et donc, comment savoir quel est le format bibliophilique

---

16 Cet « instant bibliophilique » était un peu esseulé dans « à pas perdus ». Il prend ici tout son sens.

d'un ouvrage ? Un détail suffit, c'est de regarder au bas à droite du recto de chaque première page d'un cahier (ensemble des pages pliées après impression). On y trouvera souvent une lettre, suivie parfois d'un chiffre romain, désignée sous le nom de « signature ». Ainsi Ai-Aiiii pour le recto des 4 premiers feuillets, puis 4 feuillets non numérotés formeront les 8 premiers feuillets d'un format octavo (8° ou in-8). Ensuite, on trouvera B (ou Bi) et ainsi de suite. Si le format est quarto (4° ou in-4) on passera directement de Aiiii à B. Même au vingtième siècle, on trouve encore les signatures, plus discrètes, seulement sur le recto de la feuille du premier cahier (a, b... etc...).

Tour ceci est assez simple et, pourtant, bien des libraires paraissent l'ignorer (et aussi les spécialistes qui constituent le catalogue général de la Bibliothèque nationale de France, truffé d'erreurs de cotation). Ils baptisent in-16, in-12, in-8, in-4, in-f° simplement en proportionnant les ouvrages selon le moderne « format bibliographique ».

Certains, conscients des confusions engendrées, ont refusé cette codification et donnent directement le format du livre en millimètres (hauteur*largeur). Mais alors, quel dommage d'oublier cette science d'imprimerie qui date des premiers incunables.

La confusion vient donc de la convention qui existe depuis le XIXe siècle autour du « format bibliographique » et qui se résume ainsi, uniquement désigné en fonction de la hauteur du livre :

- Moins de 10 cm : in-32
- Moins de 14 cm : in-18
- Moins de 16 cm : in-16
- Moins de 20 cm : in-12

- Moins de 25 cm : in-8 ou in-octavo
- Moins de 30 cm : in-4 ou in quarto
- Moins de 40 cm : in-f° ou in-folio
- Plus de 40 cm : grand in-folio

Si j'accepte volontiers cette convention pour les ouvrages modernes dépourvus de « signature », cela me paraît relever d'une paresse coupable pour les éditions antérieures. Pour éviter la confusion, ne pourrait-on pas écrire « format biblio. » ou « format signé » ? Cela aurait le mérite d'améliorer les descriptions.

XI
L'énigme des reliures de Michel Herbert

J'AI déjà évoqué[17] ma rencontre avec le bibliographe de La Varende[18]. J'ai longtemps lu dans la revue des « amis de La Varende »[19] ses comptes rendus des ventes d'ouvrages du maître du Chamblac[20]. Il subsistait alors une grande ferveur autour de ce sublime auteur dont Herbert entretenait la flamme depuis sa disparition en 1959. Lui-même était libraire et fin connaisseur bibliophile. Il avait rassemblé une bibliothèque La Varendienne unique qu'il tenait de première main, étant un des meilleurs amis de l'écrivain.

C'est par lui que j'avais acheté un dessin de La Varende, une de ces vignettes qui avait servi à illustrer la « navigation sentimentale », le n° 16, « Fardier sur outres », qui illustre l'époque chaldéo-phénicienne de la navigation (page 37). Le colonel Daniel Sikcles (1900-1988), bibliophile célèbre, en possédait trois[21]. J'ai placé le mien dans le tome second de la bibliographie écrite par Michel Herbert, à l'article « La navigation sentimentale », page 145. On y apprend le destin de la plupart de ces petits

---

17 Dans « à pas perdus ».

18 Auteur de la : « Bibliographie de l'œuvre de Jean de La Varende », publiée « aux dépens d'un amateur » en 3 volumes de 1964 à 1971.

19 L'amicale édita 26 bulletins entre 1960 et 1989. J'ai mis 30 ans à rassembler cette série dont les premiers numéros sont très difficiles à dégoter. Elle édita également tous les ans un « inédit » au tirage numéroté sur différents papiers (les « japons nacrés » du tirage de tête sont évidemment les plus recherchés). Une autre amicale prit la succession, « Présence de La Varende » et continue cette publication annuelle d'inédits ou de textes rares.

20 Château de Bonneville, au Chamblac (Eure).

21 La vente de la bibliothèque du colonel Sickles eut lieu à l'hôtel Drouot en 21 ventes mémorables qui s'échelonnèrent de 1989 à 1997 (littérature française des XIXᵉ et XXᵉ siècles).

dessins d'une merveilleuse finesse faits à l'encre de Chine par La Varende.

Mon exemplaire de « La navigation sentimentale » n'est pas un des 275 premiers papiers sur pur chiffon des papeteries de Lana, mais un second papier sur Alfa. Au moins fait-il partie des 200 numérotés en chiffres romains réservés au service de l'auteur. Ce dernier en fait l'envoi à « François Store Weyrin, son « guéri », très amicalement, La Varende ». L'ouvrage est paru en avril 1952. Depuis 1945-1946, sa santé s'est altérée. Le grand gaillard normand a été opéré de multiples fois et ne s'en remettra jamais vraiment, ce qui ne l'empêchera pas d'écrire une somme d'ouvrages remarquables jusqu'à la fin. Anne Brassié a écrit une bonne biographie où l'on retrouvera cette altération physique continue accouplée à la vibrionnante créativité[22]. Je pense la susdite dédicace donnée à l'un de ses médecins.

Revenons à Michel Herbert. Il eut la délicatesse de me dédicacer gentiment les deux premiers volumes de sa bibliographie. Quand je trouvai le troisième, bien des années après, il n'était plus là pour faire une nouvelle dédicace[23].

Il s'éteignit en février 2009. Le vendredi 26 mars 2010 sa bibliothèque fut vendue à Drouot. Il en subsiste un splendide catalogue[24], preuve des trésors La Varendiens

---

22 Anne Brassié, *La Varende*, Perrin, 1993.

23 Le troisième que je trouvai était le premier volume. Les volumes II et III dédicacés par Michel Herbert font partie des 50 exemplaires sur vélin du Marais. Le second portait une première dédicace amusante à Jacques Beaupain, bibliophile bruxellois : *Bien cher Jacques, n'égare pas cet exemplaire car il s'agit de mon dernier grand papier, déjà envoyé fin juin 1975. Ce n'est plus une bibliothèque mais le tonneau des Danaïdes. Affectueusement.* Le premier envoi dut être retrouvé et Michel Herbert récupéra son « dernier grand papier » avant de me le céder en 1990.

24 226 numéros du catalogue sont consacrés à l'œuvre de La Varende. On

accumulés sur plusieurs décennies. La plupart des livres, des premiers papiers le plus souvent, étaient reliés en pleins maroquins signés par les maîtres relieurs Semet et Plumelle, les mêmes auxquels recourait La Varende de son vivant. Le tout était d'une qualité irréprochable. Une rude bataille d'enchères allait sans doute être menée pensais-je en consultant le catalogue. Ce fut en effet le cas.

J'étais intrigué par une caractéristique mentionnée sur certains lots, seize pour être tout à fait précis, où était précisé que la reliure portait les armoiries « Mallard de La Varende » accolées à un autre blason. C'était d'autant plus étonnant que certains de ces ouvrages étaient postérieurs à l'écrivain, tels, justement les trois volumes de la bibliographie écrite par Michel Herbert. Nous étions en présence d'ouvrages dont les reliures avaient été réalisées pour Michel Herbert. Les autres étaient le plus souvent des tapuscrits originaux que lui avait donnés La Varende.

Je ne pouvais être présent à la vente mais je laissais quelques ordres d'achat, précisément sur ces livres aux reliures armoriés énigmatiques. Une seule des enchères me revint et, quelques jours plus tard, j'allais récupérer avec émotion mon lot chez le commissaire-priseur, le numéro 55.

Il s'agit d'un recueil de nouvelles, « *Dans le goût espagnol* », in-12 publié aux *Éditions du Rocher à Monaco* en 1946. Cette édition originale est très difficile à trouver en grand papier car il n'y a eu que 30 exemplaires numérotés sur pur fil du Marais[25]. C'était là un premier motif de grande satisfaction, d'autant qu'il y a un envoi

---

trouvera le commentaire de cette vente dans *La Gazette Drouot, n° 13 du 2 avril 2010*.

25   5 exemplaires hors commerce n° I à V et 25 exemplaires numérotés 1 à 25. Celui-ci étant le n° 5.

« pour Michel Herbert, avec le souvenir du Pays d'Ouche qu'il reconnaîtra dans le Goût espagnol ». C'est sans doute l'une des premières dédicaces à Michel Herbert qui rencontra La Varende en 1950.

Quand il fit relier l'ouvrage chez les maîtres Semet & Plumelle, Herbert le « truffa » de nombreux éléments. Je mets l'ordre de ceux-ci :
- « Le marquis de Manera », récit inédit de La Varende, article publié dans « Gringoire » le 18 septembre 1942 (pré-originale),
- Page manuscrite de Michel Herbert recopiant deux articles de presse rendant compte de la parution de « dans le goût espagnol » (Caravane, 14 juillet 1946 ; Le Havre éclair s.d.),
- Deux couvertures des éditions du Rocher pour l'ouvrage dont une dessinée par Claude Verrier qui ne semble pas avoir été utilisée (maquette), avec le « prière d'insérer »,
- Le tapuscrit original « Le marquis de Manera » avec les corrections manuscrites de l'auteur [26],
- Un dessin original de Josso au crayon qui me paraît avoir servi de modèle à un burin pour « Rouge et Or » en 1948.
- Et, enfin, l'EO du goût espagnol.

Venons-en à l'habillage : plein maroquin rouge sous emboîtage bordé de maroquin, dos à cinq nerfs, toutes tranches dorées, filet doré sur les coupes, double filet doré en encadrement des gardes, reliure signée au bas de la première garde, armoiries dorées au centre des plats.

---

26 Devenu « L'exode de monsieur le marquis de Manera », première nouvelle du « Goût espagnol ». Michel a noté en tête du tapuscrit : « les quatre premières pages du tapuscrit sont différentes du texte publié dans le goût espagnol ». La Varende n'écrivait pas ses textes mais les tapait sur une vieille Remington qui existe toujours au château du Chamblac.

Le premier blason ne pose aucune difficulté d'identification : *d'azur à la fasce d'or chargée d'un croissant de gueules accolé de deux losanges de même.* Ce sont les armes des Mallard de La Varende, vieille famille normande aux origines sans doute viking. Le blason accolé représente l'archange Michel, de face, le doigt levé, sur champ de gueules.

Il faut s'y résoudre, la provenance de cette source est unique, c'est celle de ce libraire passionné qui a consacré sa vie à défendre la mémoire du grand normand. Normand également, portant le prénom du saint national en Normandie : Michel, l'archange… Il a donc revendiqué pour lui-même, dans un secret apparemment absolu, cette union spirituelle et hautement symbolique. Ne vous gaussez pas, c'est au contraire un exemple unique, excessif peut-être mais Nez-de-Cuir n'en aurait pas rougi.

Ce bel exemplaire est aussi associé à un souvenir personnel. En sortant de chez le commissaire-priseur, je passai voir ma mère dans son petit studio truffé de livres. Il y avait là le premier La Varende que j'ai lu, vers l'âge de onze ou douze ans, « Nez de cuir ». Je montrai à maman mon acquisition. Elle fut ravie. Six mois plus tard elle n'était plus là.

Michel Herbert a souligné avec ses reliures armoriées son « *union de cœur et d'esprit* »[27] avec La Varende. C'est un secret que je voulais partager avec vous.

Le catalogue de la vente Herbert est préfacé par l'écrivain et grand bibliophile Bertrand Galimard Flavigny. Par un clin d'œil du hasard, c'est lui également qui préfaça un de mes volumes sur les boutons de livrée. Le monde est petit me direz-vous. Au contraire mes amis, il est bien grand.

---

27 Je reprends cette expression d'une dédicace qu'il me fit.

XII
Sir Digby

IL Y A eu plusieurs Digby bibliophiles et tous sortaient de l'ordinaire. Il suffit de consulter les biographies des membres de cette famille, hommes et femmes, pour s'en persuader.

Le petit ouvrage de l'un d'eux réfugié dans ma bibliothèque n'est pas très beau. C'est un petit in-octavo en format « signé » et in-18 en format « bibliographique ». Le papier est uniformément jauni, les mors sont fendus, les coiffes bien abîmées et le cuir des plats assez épidermé. Vous pensez : que va-t-il maintenant nous parler des épaves ! Attendez ! Continuons un peu la description : tranches rouges, double filet doré sur les plats, armes dorées au centre des plats, dos à nerfs orné, monogrammes dorés aux entre-nerfs.

C'est un petit bouquin assez rare, surtout par sa provenance, mais au sujet religieux et, de plus, en latin, publié en 1638 à Paris par François Vavasseur (1605-1681), jésuite et théologien, dont c'est je crois le premier ouvrage. Le catalogue de la Bibliothèque Nationale dit qu'il s'agit d'un format in-12, ce qui est faux. Au moins le descripteur ne s'est pas trompé sur le nombre de pages et le titre : *Jobus. Camen heroïcum, 184 pages.* Le descriptif est sommaire : *Vulgate et paraphrase de François Vavasseur.*

Vavasseur participa aux controverses jansénistes et fut un orateur renommé et un poète secondaire. Sur l'une des pages de garde, un ancien possesseur a écrit : *cet auteur connoissoit mieux le latin que le françois.* À moins d'un jeu de mots subtil, je ne vois pas bien à quoi cette mention fait allusion, l'intégralité de l'ouvrage étant en latin, hors le privilège.

Venons en maintenant au premier possesseur : Sir Kenelm Digby (1603-1665), dont le monogramme KD orne le dos, et les armes ornent les plats. Le fer des armes est très fin, ce qui est heureux puisque nous avons huit quartiers composés de deux blasons écartelés accolés.

C'est le fils aîné d'Everard Digby, exécuté en 1606 à la Tour de Londres pour avoir voulu faire sauter le parlement un jour où le Roi Jacques 1er devait s'y rendre.

Kenelm est davantage connu que son père. Il est philosophe, écrivain, scientifique et aussi politicien proche du Roi Charles 1er auquel il s'attachera durant la guerre civile. En 1635, il se convertit au catholicisme, tout en s'intéressant à l'alchimie et aux sciences occultes. Durant cette période, il fait de fréquents séjours en France, se lie d'amitié avec Descartes. L'ouvrage de Vavasseur, de 1638, s'inscrit bien dans sa quête spirituelle. Cette même année, il publie à Paris une apologie en faveur de la religion catholique, puis une sorte de traité de philosophie sur l'immortalité de l'âme. Je passe ses démêlés avec le parlement anglais qui lui valent prison puis expulsion. Il part à Rome en 1645 pour lever des fonds en faveur des catholiques anglais mais ne s'entend pas avec le Pape Innocent X qui le juge « brouillon et agité ».

Il finira par rentrer en Angleterre, ne s'occupant plus que de science, d'astrologie et de botanique. Je pense que l'ouvrage de Vavasseur ne passa pas outre-manche. Dès 1667, soit deux ans après la mort de Digby, un ex-libris manuscrit nous apprend qu'il faisait partie de la bibliothèque de JC Morin, *ex opidulo Ourouxensi apud Bellijocenses* (Ouroux près de Beaujeu dans le Rhône).

Sur la première de garde un ex-libris héraldique nous informe que l'ouvrage est passé entre les mains de Paul Desnues (1886-1963), conseiller référendaire à la Cour des comptes. Plus de place pour mon ex-libris, je l'ai placé sur le dernier contre-plat.

J'ai oublié de vous préciser qu'on attribue à Kenelm Digby l'invention de la bouteille de vin moderne, de couleur verte ou brune, protégeant ainsi le liquide de l'action altérante de la lumière, et à goulot renforcé d'une bague. Je savais que cet ultime détail vous ferait bien plaisir.

Vous voyez qu'avec un petit bouquin en main, même sans le lire, on peut faire un sacré voyage. Je le replace sur l'étagère des petits formats, un plat apparent. Il fait le pendant avec une reliure du comte d'Hoym, autre bibliophile célèbre dont, peut-être, je conterai également la vie aventureuse.

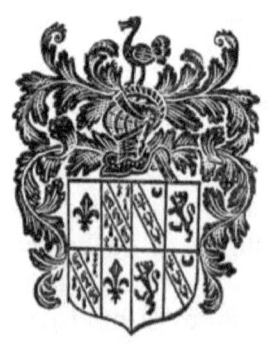

XIII
Papiers de contre-plat et de garde

À MA connaissance, les bibliophiles français s'intéressent moins à ces papiers que leurs homologues anglo-saxons, lesquels les nomment « endpapers ». Ces papiers, en contre-plat, puis aussi sur les gardes qui leur font face, sont de qualité souvent en rapport avec la reliure et ce dès le XVIe siècle, avec les premiers maîtres relieurs. Il y en a de remarquables et c'est vraiment dommage que les grands de la librairie ancienne, ceux qui nous font rêver avec leurs catalogues fastueux, y fassent aussi peu référence, se contentant d'un laconique gardes « marbrées », « dominotées », « marouflées », « gaufrées », de « soie moirée » et autres « brocart » et « tabis ». L'inspiration initiale est italienne, comme souvent quand on parle d'art et de décoration. On a oublié que ces noms viennent des différentes techniques de fabrication et non seulement de l'apparence finale. Ces papiers sont « brossés », « tirés », « jaspés », « à la colle », « granités », « coulés », « dessinés », « racinés ». Hors exception, les motifs sont de deux ordres : géométriques ou floraux. Au XVIIe siècle, venus d'Allemagne, apparaissent les papiers « dorés gaufrés », directement inspirés de la fabrication des étoffes. Les plus beaux, les « goldfirnis », vernis à l'or, présentent un certain relief et rappellent dans leur composition les fers des reliures les plus décorées.

Prenez une belle reliure du XVIIe siècle, à « la fanfare », aux petits fers de l'atelier des Caumartin par exemple. Une chance, j'en ai une sous la main. Pour une fois, ne nous attardons pas à décrire l'extérieur. Ouvrons le livre, découvrons un papier au décor « marbré » à quatre couleurs : bleu, rouge, beige et blanc, dont les « coulures » ont dessiné des palmes inégales, des rivières étonnantes, des volutes gracieuses dont aucune n'est semblable à ses voisines. Cet art du papier marbré s'est poursuivi tardivement et on trouvait encore à Venise, il y a trente ou quarante ans, des ateliers de réputation mondiale aux productions époustouflantes. Ces « marbrés » sont apparus en Europe à la fin du XVIe siècle. Il semble que la technique de fabrication soit connue en Extrême-Orient dès le XIIe siècle. Au début du XVIIe siècle, ce « marbré » est collé uniquement sur le contre-plat du livre, puis, à partir de 1660-1680, on utilise le même papier pour les gardes. Les « marbrés » glacés apparaissent au XIXe siècle. Ils recouvrent alors aussi les plats en demi-cuir.

Les papiers « dominotés », production de la corporation des dominotiers, tirés sur de grandes feuilles, voire des rouleaux pour décorer les murs des boutiques ou des chambres, sont d'un prix de revient très bas en comparaison avec les « marbrés ». Ils ne sont pas destinés aux belles éditions avant le milieu du XVIIIe siècle où la production des « dominotés » anglais est alors réputée.

Le plus beau papier de contre-plat et garde que je conserve se trouve sur le « pars verna » d'un bréviaire parisien de 1736. La reliure est un peu passée, en plein vélin, mais présente des fers d'un maître relieur qui rappellent ceux de Boyet, notamment sur le dos sans nerfs doré d'un semis à « la grotesque » et qui pourrait être attribuée à Pasdeloup le jeune qui officiait alors. Le fer central des plats est assez remarquable. Il représente une cordelière quadrilobée au centre de laquelle on trouve un cœur cantonné de quatre étoiles. Là encore, ouvrons.

L'œil est aussitôt attiré par un grand ex-libris rond qui touche les deux bords, daté de 1745, portant les armes de

René-Louis d'Escoubleau, marquis de Sourdis, né en 1697, encore vivant en 1757 et veuf en 1735 de Madeleine Potier[28]. Je me dis que cette cordelière des plats à quatre houppes, habituellement féminine, est peut-être ici masculine et donc très inhabituelle avec ce cœur central définitivement dans les étoiles.

Mais venons-en enfin aux contre-plats et gardes : Un extraordinaire « doré-gaufré » orné de fleurs multicolores, d'une fraîcheur remarquable. C'est une merveille qui semble avoir été rehaussée finement à l'aquarelle. Aucune fleur n'est pareille. Il y a des fruits, du raisin et des fraises. Je vois une tulipe et des chrysanthèmes aux teintes variées. Un vrai régal que je repose maintenant. Je sais que je peux l'ouvrir encore et de nouveau m'émouvoir de détails insoupçonnés sans jamais m'en lasser.

Voilà, chers amis, je tenais à ce que vous regardiez vos livres non seulement pour leurs contenus, leurs reliures, mais aussi pour leurs sous-vêtements, papiers raffinés de l'artisanat et trop souvent oubliés des descriptions. Ces « dessous » ne sont là que pour vous, amoureux des livres, qui précautionneusement les ouvrez.

---

28 C'est le seul exemplaire connu de ce bel ex-libris

XIV
La duchesse de Camastra

CE nom de Camastra me rappelait quelque chose. Ah oui ! C'est dans les merveilleux souvenirs d'enfance sicilienne de Fulco di Verdura que j'en retrouvai la trace. Quand le jeune Fulco venait à Paris, il rendait visite au duc et à la duchesse de Camastra. La vie d'un bibliophile tient souvent aux souvenirs des lectures. De ce détail, je décidai d'acquérir un livre venant de la bibliothèque de la duchesse de Camastra.

J'avais déjà lu *l'émigré* de Paul Bourget, paru chez Plon et Nourrit en 1907. Le titre est racoleur et, malgré tout le respect que je dois avoir pour l'auteur, académicien, je le trouve dans la veine générale de son œuvre : très commerciale. C'est le « moderne » de l'époque. Toutes les époques en ont et la nôtre en regorge. Ce sont ceux que l'on oublie le plus vite et le « fan-club » actuel de Paul Bourget me paraît démontrer cette vérité cruelle. Ici, tout de même, on notera la faiblesse du tirage de tête, ce qui est général avant la guerre de quatorze comme l'explique si bien Jean Galtier-Boissière dans ses désopilants souvenirs. Ce tirage est de 150 exemplaires, 30 sur Chine, 20 sur Japon et 100 sur Hollande[29]. Les puristes noteront l'anomalie d'avoir un premier papier (Chine) au tirage supérieur au second (Japon). Les bizarreries des tirages de tête ne sont cependant pas rares, surtout entre les deux guerres.

Si j'ai « rentré » sur mes étagères le bouquin c'est à la vue d'une reliure armoriée qui me parla tout de suite. Le

---

29 Ici, le 1er sur Hollande (n° 51)

libraire annonçait « duchesse de Camastra » tout simplement parce que le livre était muni de la mention : « Imprimé pour madame la duchesse de Camastra », ce à quoi l'auteur avait gentiment complété de sa plume : « par les soins de son respectueux ami – Paul Bourget, 21 juin 1907 ». Les armes des plats n'avaient rien des italiens Lanza de Camastra. Y figurait un écu en losange de demoiselle entouré d'une guirlande de roses, le tout surmonté d'une toque à sept plumets. Les spécialistes de l'héraldique impériale ont déjà une indication avec cette toque ducale d'Empire. Quand je leur décrirai le contenu de l'écu, un écusson encadré de deux mains tenant des badelaires, ils se récrieront aussitôt : « les armes du maréchal Ney ». J'avais eu la même réaction.

Rose Ney d'Elchingen (1871-1939), fille du 4ᵉ prince de La Moskowa, épousa à Paris, le 15 novembre 1905, Ottavio Lanza (1863-1938), duc de Camastra. Ils s'installèrent dans un bel immeuble du Faubourg Saint-Honoré. Ils n'eurent pas d'enfant. La duchesse aimait les livres et peu à peu se constitua une remarquable bibliothèque des auteurs romantiques ou contemporains, mais aussi d'illustrés modernes. Elle fit relier la plupart de ses livres dans de somptueuses reliures[30]. L'âge venant, elle décida de rendre ses trésors bibliophiliques au marché. Sa bibliothèque fut dispersée lors de trois vacations, du 11 au 13 février 1936 par le ministère de Me Étienne Ader. Le catalogue fut édité par L. Giraud-Badin, libraire de la Bibliothèque Nationale et de la Bibliothèque de l'Arsenal.

Celui que j'ai en main, *l'émigré*, le n° 270 du catalogue de 1936, est un magnifique plein maroquin rouge. J'ai déjà mentionné les armes. Les plats possèdent également un

---

30 Principalement chez M. Lortic, fils et continuateur du grand Lortic, dit « le frondeur ».

triple filet doré en encadrement. Le dos à cinq nerfs est lui aussi orné d'un double filet doré entre les nerfs encadrant un monogramme composé de deux R adossés, fer que le relieur fit spécialement pour la duchesse. Le double filet doré se retrouve également sur les coupes et les coiffes, toutes les tranches sont dorées. La signature du relieur est en bas du premier contre-plat, celui-ci encadré d'une roulette spécialement dédiée à la duchesse : une chouette alternée avec une palmette qui rappelle le style Empire. Cette chouette se retrouve sur l'ex-libris placé au centre du beau marbré qui habille les contre-plats et gardes. Elle est encadrée par deux rameaux de chêne en haut à gauche de l'ex-libris qui, en son centre inscrit dans un croissant le prénom Rose, ledit croissant coiffé de la toque ducale d'Empire, elle-même surmontée d'une couronne princière fermée qui est celle du mari. J'ai placé mon petit modèle d'ex-libris sous celui de la duchesse de Camastra, hommage d'un bibliophile modeste.

Je consulte le catalogue de 1936 et je vois le goût de la duchesse pour la poésie. Les plus grands du XIXe siècle sont là : Gautier, Hugo bien sûr, Lamartine, Musset, ce cher Baudelaire et tant d'autres encore. Le côté littérature n'est pas moins fourni avec Chateaubriand et, surtout, notre grand Barbey d'Aurevilly que je retrouve dans ses textes les plus beaux. Au milieu de tout ça, je dégote une rareté, « Le livre d'amour » de Sainte-Beuve, la fameuse édition originale de 1843, non mise dans le commerce et dont la plus grande partie des exemplaires fut détruite par l'auteur. Je suis déjà heureux de posséder un des cinq cents sur vélin d'Arches de la seconde édition, faite par Jules Troubat en 1904. Mon exemplaire est habillé en plein chagrin marron d'une belle reliure signée « Dupré Vincent sr ». Il est malheureusement envahi de rousseurs. Je suis content quand même d'avoir partagé avec la duchesse le secret des amours entre Sainte-Beuve et Madame Hugo.

Plusieurs années après l'acquisition de *l'émigré*, je furetais dans les rayonnages d'un libraire de province quand je vis sur le dos d'un bouquin le monogramme si caractéristique. Là, on ne voit pas de plein cuir, mais un joli demi-maroquin à coins, tête dorée, filets à froid entre les nerfs. Sur le premier contre-plat, l'ex-libris de Rose enlevait tous les doutes sur la provenance. J'achetai.

Je retrouvai ces « rimes héroïques » d'Auguste Barbier (1805-1882) sous le numéro 61 du catalogue de la duchesse. C'est une édition originale naturellement (1845). Elle possédait aussi l'édition originale de *Iambes*, la grande œuvre de cet auteur oublié, poèmes satyriques inspirés des « Trois Glorieuses », que je n'ai pas lu.

Avant de replacer ensemble les deux ouvrages, je lis un doux poème de Barbier. La duchesse de Camastra fit de même avant moi. Nous vous l'offrons :

Alors, alors, usons, mon âme,
Du peu de voix, du peu de flamme
Dont la Muse nous fit cadeau,
Et faisons connaître à la terre
Ce qu'en passant notre œil austère
Y vit de touchant et de beau.

XV
Jacques de Malenfant

DANS les grands bonheurs d'un bibliophile il y en a un qui prime, c'est celui de posséder un ouvrage ayant appartenu à l'un des premiers de l'espèce. C'est le plus souvent un rêve inaccessible.

Je sors de la catégorie les bibliothèques royales pour m'intéresser aux collectionneurs privés. Nos premiers bibliophiles apparaissent au XVIe siècle avec la diffusion élargie du livre imprimé.

Le plus connu est Jean Grolier (1479-1565), trésorier de France et du Milanais. Il impose la mode des belles reliures dites « à la Grolier », de somptueux maroquins avec tranches dorées, décors des plats à entrelacs géométriques et gardes en parchemin. Au moins cinq cents ouvrages furent répertoriés de cette provenance. Les plus grands bibliophiles ont tous cherché à en posséder. Je n'y suis pas parvenu mais je ne me classe pas dans l'élite du genre, tant s'en faut.

Thomas Mahieu (ca 1520-ca 1590), premier secrétaire des Finances de la Reine Catherine de Médicis, est également cité dans les grands bibliophiles de la Renaissance française. On connaît un peu plus de cent reliures portant, à l'exemple de Jean Grolier, la mention « Tho. Maioli et amicorum » sur les plats. Je n'en ai jamais eu une seule en main.

On doit également nommer Jean Brinon (ca 1520-1555), l'ami de de Baïf et de Ronsard, mécène mort bien trop jeune. Il a fait relier ses livres en veau blond le plus souvent, portant filets dorés, monogrammes et des armes entourées de la devise « *ESPOIR ME TORMENTE* » ou de « *I • BRINON • SR • DE VILLAINES • CONSEIL • DV • ROY* ». On répertorie un peu plus d'une dizaine de ces reliures caractéristiques, les premières « aux armes » avant celles de de Thou. Si j'ai pu en voir les reproductions dans de beaux ouvrages, jamais une seule n'a daigné rejoindre mes rayonnages.

Dans la suite, on peut citer Jacques-Auguste de Thou (1553-1617), l'historien, dont la bibliothèque célèbre atteint les neuf milles volumes, dont mille manuscrits. Les premières très belles reliures « à la fanfare », aux armes de Thou, viennent de là. On en voit encore apparaître chez les grands marchands de la librairie ancienne. Ces beaux maroquins rouges sont de deux époques différenciées par les armes accolées, soit celles de sa première épouse, Marie de Barbanson (+ 1601) ou bien de la seconde, Gasparde de La Chastre, épousée en 1603. Ce sont des pièces exceptionnelles, leurs prix également le sont. Je n'en ai pas, non plus.

Voilà à peu près tous nos bibliophiles français du XVI⁰ siècle, hormis un gardé pour les beaux esprits : Jacques de Malenfant.

Issu d'une famille de parlementaires toulousains, il naît aux alentours de 1530. Vers 1547, il part à Paris poursuivre ses études. On pense qu'il suivit Adrien Turnèbe (1512-1565), qui avait été professeur de Lettres à l'Université de Toulouse de 1545 à 1547. Cette même année, Turnèbe devient lecteur royal pour le grec à Paris. Cette spécialité du grec ancien deviendra celle de Malenfant si l'on en juge par ce qui subsiste de sa bibliothèque. À la mort de Turnèbe, il publie quelques vers néo-latins à sa mémoire. Entre 1564 et 1567, il acquiert des ouvrages d'auteurs classiques grecs et latins, presque tous de petit format, qu'il fait relier semble-t-il dans l'atelier parisien de Claude Picques, relieur du Roi. Ils portent au centre des plats ses armes écartelées, son nom IACOBUS MALINFANTIVS T[olosanus], et sa devise ANΩ. KAI. MH. KATΩ. (*En haut et jamais en bas*), entourés d'une plaque aux arabesques toujours identique[31].

Une chercheuse britannique a répertorié et étudié les reliures de Jacques de Malenfant[32]. Elle donne la liste des 23 ouvrages connus possédés par Malenfant. Il faut à ce jour y ajouter les trois exemplaires portant l'ex-libris daté et la devise de Malenfant dispersés lors de la première vente Michel Wittock (Londres, 7 juillet 2004) : Diodore de Sicile, Lyon 1559, acquis en 1566 (lot 53), Dionysius Halicarnassus, Lyon 1561, acquis en 1566 (lot 55), et Érasme, Genève 1558, acquis en 1567 (lot 59), ce dernier exemplaire permettant par sa date d'acquisition de repousser celle du séjour de Malenfant à Paris, habituellement fixée à 1566, d'une année. Le Valère Maxime s'ajoute à ce recensement, et, tout comme les trois précédents, plus précisément aux dix exemplaires cités par Foot dans l'Appendice I de l'article, qui regroupe les exemplaires portant l'ex-libris parisien de l'amateur. L'étude et l'analyse des fers décorant les exemplaires encore dans leur première reliure ont permis à Mirjam Foot de reconnaître parmi eux certains petits fers utilisés dans trois reliures de Mahieu (dont Malenfant possédait

---

31 Cette plaque est décrite dans Olivier, Hermal et de Roton (n° 1000). La plaque originale est conservée au Musée de Toulouse.
32 Mirjam M. Foot. « The binder who worked for Jacques de Malenfant » in Mirjam M. Foot, *The Henry Davis Gift : a collection of bookbindings. 1 : Studies in the history of bookbinding*. London : The British Library, 1978. Et, de la même : « A binding for Jacques de Malenfant, c. 1560-1566 », in Mirjam M. Foot, *Studies in the history of bookbinding*. Aldershot : Scolar Press, 1993.
-

par ailleurs un exemplaire), une reliure de Grolier, une reliure aux armes de la reine Élizabeth, et une pour J.-A. de Thou. M. Foot trace l'emploi de ces fers jusqu'à 1600, date d'édition la plus tardive trouvée dans ces exemplaires, et recense quelque soixante-deux reliures ayant en commun l'un ou l'autre des éléments décoratifs trouvés dans le groupe des reliures exécutées pour Jacques de Malenfant. M. Foot pp. 156-165 ; Hobson *French* 22.

Aujourd'hui il ne reste guère plus de deux ou trois ouvrages de Malenfant circulant sur le marché. L'essentiel se trouve dans les bibliothèques publiques : La British Library en conserve sous les cotes Davis 356, Davis 357 et C.66.d.3. On trouve d'autres exemples à la Bibliothèque municipale de Toulouse, à la Bibliothèque Mazarine, à la bibliothèque de Saint-Chamond, à Philadelphie…

Il y a quelques années, un ami libraire qui connaissait mes penchants me dit : J'ai une belle petite reliure du 16ᵉ sur vélin, mais le contenu est bouffé aux vers. Il savait parfaitement qui était Malenfant et la rareté d'un tel objet, même avec un contenu très défectueux. Lui-même était toulousain. C'est un cadeau qu'il me fit, me permettant d'acquérir à un prix plus qu'abordable ce petit format dans lequel l'humaniste fit relier trois titres. Je crois que mon émotion le paya de son geste. Je lui suis d'une grande reconnaissance.

Le fer de Malenfant est splendide, même si le premier plat du vélin est un peu chiffonné. Il subsiste les amorces d'attaches de soie. Au dos, de sa main, Malenfant a écrit « Senten. Grecae ». Même dans cet état de ruine, sévère pour le premier titre, les trois ouvrages réunis sont des raretés. Cela commence par « *Sententiae singulis versibus contentae, juxta ordinem literarum, ex diversis poëtis, quibus ex adverso respondet latina versio, 24 f. in-8, P.,*

Robert Estienne, 1566 » ; alternant une page en grec et une en latin. On trouve la marque de Robert Estienne sur la page de titre, l'olivier avec un personnage qui y suspend un bandeau portant la devise « noli altum sapere ». Il est bien écrit « *Parisii - Ex officina Roberti Stephani, typograph... regii - MDLXVI »*, ce qui m'étonne puisque Robert Estienne était réfugié à Genève depuis 1552, ouvertement calviniste et qu'il y est mort en 1559. Il n'était plus en odeur de sainteté à la Cour de France après avoir amené dans la Rome des réformés les caractères grecs de la Librairie royale, sans autorisation naturellement. Nous avons donc affaire à son fils Robert II Estienne (ca 1530-1571), helléniste de renom qui publia à Paris à partir de 1556. La Bibliothèque nationale décrit ce titre en l'attribuant au père dans une édition de 1540 qu'elle mentionne ne pas posséder et je ne trouve pas celle de 1566 dans le catalogue général.

Le second titre est tout aussi rare : « *Vetustissimorum poetarum opera sententiosa, quae supersunt »*, 70pp.-1f. in-8, *Antverpiae, Christophori Plantini, 1564 ;* ouvrage entièrement en grec. Cela semble une reprise du texte publié à Paris en 1553 par Adrien Turnèbe mais c'est la première édition chez Christophe Plantin (1520-1589). Elle n'est pas au catalogue général de la BNF, ce qui n'est pas une surprise puisque imprimée à Anvers.

Enfin le troisième titre : « *Alcinoi philisophi ad platonis dogmat introductio »*, 32 f. in-8, *P., Michaelem Vascosanum*, 1532. Le texte est intégralement en grec. Cette édition parisienne de 1532 est « princeps »[33] et dite « rare » par Brunet (I-55, 3365), c'est la seconde publication de Vascosan, l'année de ses débuts.

---

33 C'est-à-dire la première imprimée. Les formes antérieures connues du texte étaient seulement manuscrites.

Je l'ai déjà mentionné : les vers sont passés, dévorant une partie des textes édités par les humanistes. J'ai laissé l'exemplaire enfermé six mois dans une boîte étanche où j'avais eu le soin de mettre un coton imbibé d'essence de camphre. Il garde désormais une odeur assez agréable et les parasites ne termineront pas le travail.

Malenfant est revenu à Toulouse en 1567-1568, y amenant sa bibliothèque. Il s'installe dans l'hôtel de famille, rue des Nobles (actuelle rue Fermat, près de la cathédrale Saint-Étienne[34]). En décembre 1570, il épouse Marthe de Potier, laquelle décède assez vite. En 1574, il convole en seconde noce avec Françoise de Jouéry. Il aura au moins trois enfants de ses deux unions.

On n'entend plus trop parler de lui. Il apparaît en 1589 quand il reçoit un office de maître des requêtes de l'Hôtel du Roi. Puis nouveau silence jusqu'en 1603 où il reçoit un brevet royal lui donnant permission de se rendre à Notre-Dame de Montserrat et à Saint-Jacques-de-Galice. Nous ne savons rien des raisons de ce voyage devant le mener de Catalogne en Galice. Il disparut peut-être dans cette dernière aventure.

Je suis étonné que la fréquentation des humanistes et ses études de Lettres n'aient entraîné aucune autre activité éditoriale que celle des quelques vers pour la mémoire de son maître Adrien Turnèbe en 1565. Ce penchant qui aurait dû le pousser vers les réformés le laisse neutre et silencieux. Il semble même qu'il se retrouve dans le camp opposé. Mais ne fantasmons pas trop sur les choix de

---

34 C'est un peu hors de propos, mais j'ai beaucoup arpenté cette rue où se situe également l'hôtel des Caylus.

Malenfant qui, en effet, furent assez conformistes. Son fils aîné est chevalier de Malte en 1603.

Le plus étonnant est l'arrêt brutal de l'activité bibliophilique après la période parisienne (1567). Jacques de Malenfant range sa belle plaque armoriée avec les livres. J'ose ce mauvais jeu de mots en écrivant qu'il a tourné la page.

Le petit format de trois titres dont je vous ai distraits va néanmoins continuer de vivre. En haut de la première page de titre figure la mention manuscrite : *l'abbé de Mac-Carthy*. Vous me direz : que vient faire là un sujet britannique ? Nenni mon ami ! Moi qui ai écrit il y a déjà bien longtemps « L'histoire des Caylus », je me souviens qu'en 1775, le marquis de Caylus vendit son droit d'entrée aux État de Languedoc au comte de Mac-Carthy (1744-1811). Ce dernier acheta à Toulouse l'hôtel de Calvet (anciennement d'Espie) et Paul Mesplé nous dit qu'il y réunit une des plus belles bibliothèques d'éditions princeps, incunables et de manuscrits qu'on pût trouver en France. Il y a tout lieu de croire que les bouquins de Jacques de Malenfant sont passés là. Le nôtre sauta au fils cadet, l'abbé de Mac-Carthy (1769-1833). Ce prédicateur jésuite refusa, dit-on, l'évêché de Montauban. Ses sermons furent publiés après son décès (1834). Ce sont les jésuites qui en héritèrent et mirent leur cachet sur la page de titre et le ramenèrent à Toulouse. En effet, le cachet le plus moderne porte : « resid. Tolosana – bibliotheca – S.J. ». J'ai d'autres ouvrages de cette provenance, toujours en état médiocre.

Voilà tout de même un bibliophile heureux d'avoir en sa possession une pièce possédée par l'un de ses rares prédécesseurs vivant près d'un demi-millénaire avant lui. Il n'a évidemment pas l'érudition de cet illustre ancien. Il se contente d'entretenir, de raconter et de passer avec respect et infiniment d'attention.

XVI
Tallemant des Réaux

C'EST sur un étal des puces d'Orléans, il y a peut-être un quart de siècle de cela, que je vis cette ruine. Un grand in-folio, pas très épais, avec des manques de cuir sur les plats, des coiffes arasées, des coins bousillés, des mors explosés et la page de titre manquante. Enfin, tout ce qu'un bibliophile exècre et rejette sans davantage de regards. Mais voilà, au centre des plats se trouvait un beau fer armorié et, entre les nerfs du dos, un autre petit fer aux mêmes armes. Le marchand n'était pas très exigeant, je ne le fus pas davantage et j'embarquai l'épave avec moi. Je ne l'ai pas regretté.

De retour à la maison, je compulsai la bible des reliures dont je vous ai déjà entretenu, le OHR[35]. Ce chevron inversé surmonté d'une aigle éployée était suffisamment caractéristique pour ne pas demeurer longtemps mystérieux. La planche n° 397 (4ᵉ série) montrait les deux fers recherchés et me révélait le premier possesseur : Gédéon Tallemant des Réaux (1619-1692).

Voilà un personnage qui compte dans les lettres françaises. Je dois piteusement vous avouer, malgré un faible pour les grands mémorialistes du XVIIᵉ siècle, que je n'avais jamais lu *Les Historiettes*, grande œuvre du susdit Gédéon.

Mais avant de nous intéresser au personnage, regardons quel ouvrage était parvenu dans mes mains. Certes, c'est une reliure bien vieillie mais un intérieur assez frais. La

---

35 Olivier, Hermal et de Roton, op. cit.

page de titre est manquante mais la préface est signée de Jean Sleidan (1506-1556) qui adresse l'ouvrage à l'illustre Jean-Frédéric, duc de Saxe (1503-1554). La description matérielle m'a permis d'identifier le « Tres Gallicarum rerum scriptores nobilissimi », soit les mémoires de Philippe de Commynes, les chroniques de Froissart et la Grande monarchie de Claude de Seissel que Sleidan traduit en latin et qui sont réunies pour la première fois dans cette édition publiée par André Wechell à Francfort en 1578. C'est une œuvre capitale qui rassemble les vies des Rois Louis XI et Charles VIII. Je ne doute pas que l'ouvrage, relié vers 1645-1650, n'ait donné à Tallemant le goût des chroniques modernes que sont *Les Historiettes,* concernant pour leur part les règnes d'Henri IV et de Louis XIII et notamment sur la régence d'Anne d'Autriche. Les intellectuels de tous les temps ont subi des influences. L'ouvrage défraîchi que j'ai entre les mains fut sans aucun doute aussi entre celles de Tallemant des Réaux. Ce livre prend maintenant toute son importance en tant qu'objet historique. Je l'ai soigneusement collationné, à la recherche d'une mention manuscrite marginale, mais en vain. Amusez-vous de ce bibliophile qui recherche une dégradation iconoclaste.

J'eus subitement envie de lire « Les Historiettes », évidemment dans un exemplaire de qualité. Tallemant des Réaux n'a pas publié de son vivant. Ce n'est qu'en 1834 que l'ouvrage fut imprimé chez Levavasseur en six volumes. Cette édition est imparfaite mais très recherchée pour ses exemplaires de tête[36]. Dans la préface de la seconde édition (1840), Montmerqué qui avait trouvé et mis en ordre le manuscrit, avoue que « des fautes nombreuses s'y étaient glissées et beaucoup de noms propres avaient été altérés ». C'est donc sur cette seconde

---

36   4 exemplaires sur Hollande, 4 sur Nankin, 50 sur vélin fort.

édition, en dix volumes, éditée chez Garnier frères, que je m'orientai. Au final, les exemplaires que j'acquérais portaient les doubles couvertures de la seconde et de la troisième édition. C'est un détail de la reliure qui me fit la choisir.

Les dix volumes étaient reliés en cinq tomes, demi-veau aux dos richement ornés. Par trois fois, sur ces mêmes dos, se trouvait un monogramme élégant en lettres cursives, un E entremêlé de deux R adossés. Bien plus tard, au milieu de ma lecture je découvris une carte portant « Bibliothèque d'Arnaga ». Le monogramme prenait alors tout son sens, il s'agissait des exemplaires d'Edmond Rostand (1868-1918).

Je me souvenais avoir visité l'Arnaga, somptueuse villa construite dans le style basque, près de Cambo-les-Bains par l'auteur de *Cyrano de Bergerac, Chanteclerc* et *l'Aiglon*.

Le personnage de Cyrano campé par Rostand a réellement existé sous le nom de Savinien de Cyrano (1619-1655), parfait contemporain de Tallemant qui parle de lui et de ses proches : « Un fou nommé Cyrano fit une pièce de théâtre intitulée *La Mort d'Agrippine*, où Séjanus disait des choses horribles contre les dieux. La pièce était un vrai galimatias. Sercy, qui l'imprima, dit à Boisrobert qu'il avait vendu l'impression en moins de rien : "Je m'en étonne", dit Boisrobert. — Ah ! Monsieur, reprit le libraire, il y a de belles impiétés ! ».

La bibliothèque d'Edmond Rostand fut dispersée dans les années 1920. Pour en revenir à celle de Gédéon Tallemant des Réaux, nous n'avons pas d'idée précise sur son ampleur. Les ouvrages à ses armes sont assez rares. La dispersion du tout fut assez rapide après son décès. Notre exemplaire est muni de l'ex-libris armorié ancien de Nicolas Taverne, avocat au Parlement de Paris. Ce quidam me semble être Nicolas-Bernard-Pierre Taverne (1714-1792), d'une noble famille dunkerquoise. Un fameux bibliophile dont on retrouve l'ex-libris sur d'anciens et beaux livres.

Voilà ! Vous trouverez dans ma bibliothèque l'ouvrage de Sleidan qui inspira Tallemant des Réaux pour écrire « Les Historiettes » et une édition des susdites ayant appartenu à Rostand dans laquelle il puisa de la matière pour son Cyrano. J'en conclus que s'il y a des sous-ensembles flous en Mathématiques, il y a des ensembles parfaits en bibliophilie.

XVII
Les manuscrits

N'ALLEZ pas imaginer un de ces trésors calligraphiés par les moines copistes. Quand je veux en voir, je me rends au Scriptorial d'Avranches et je ne suis pas déçu de ma visite. Il y subsiste ce que l'Occident a fait de plus remarquable dans ce domaine depuis le VIIIe siècle.

Notez que j'ai déjà eu en main une de ces merveilles. La famille qui le possédait l'avait récupérée durant les affres révolutionnaires où tout devait finir dans les flammes. Ils le conservaient depuis pieusement et seuls quelques proches y avaient accès. J'eus ce privilège.

Les manuscrits de ma bibliothèque se résument à quelques pièces, moins d'une vingtaine, souvent insignifiants pour la bibliophilie. Faisons cependant, si vous le voulez bien, une petite promenade dans ce quartier restreint. Le premier que je peux vous présenter est un fragment de psautier latin du XVe siècle (PS 102 à PS 112), calligraphié sur vélin, de format 124*189 mm, de 28 lignes par feuillet (9 feuillets) avec lettrines rouges ou bleues. Des grandes lettrines qui commencent chaque psaume, seule celle du 110 est remarquable avec son D finement dessiné, en deux couleurs, le D du « Dixit dominus domino meo... ».

Le second est plus ancien mais d'un seul feuillet fragmentaire. Je l'ai retrouvé dans un coutumier normand du XVIe siècle, détaché d'un manuscrit médiéval sans doute remarquable. C'est le fameux arbre de consanguinité, admirablement décoré. Une pièce médiévale que des gamins ont découpée en partie, laissant des trous à la place des têtes des personnages. Je ne puis en dire plus n'ayant pas la pièce sous les yeux. Elle est dans ma bibliothèque de Normandie. J'y reviendrai ultérieurement quand je la consulterai à votre intention.

Je vais vous présenter un curieux ouvrage du docteur Bouland, surtout connu pour ses travaux sur les ex-libris. Là, il s'agit d'une œuvre de jeunesse gentiment calligraphiée et d'un genre assez sulfureux, commencée en 1882. Si un libraire devait le vendre, il le classerait peut-être dans la rubrique « Curiosa ». Ce n'est pas relié mais sous une chemise beige d'attente sur laquelle le docteur à inscrit dans une belle calligraphie gothique « *Notes* ». Il est difficile de déterminer au fil des pages de grand format, une quinzaine, ce qui relève d'une compilation ou appartient en propre à la plume du médecin. Chaque article débute par un titre en gothique ou une lettrine finement dessinée. C'est un contenu assez hétéroclite, passant d'un sujet historique à un sujet médical, dont des considérations passionnantes sur les drogues. La dernière partie rejoint davantage les préoccupations bibliophiliques avec des commentaires sur quelques ouvrages anciens. Au milieu de cela, débutant par une admirable lettrine L que tient un dragon en érection, une nouvelle désopilante située dans une bibliothèque publique. L'attente d'un lecteur énervé face à la « *lenteur que met l'administration à livrer le volume demandé* » et dont, peu à peu, l'esprit divague de façon peu convenable sur la lectrice d'à côté. Je le range sans vous en dire plus.

Venons en au fait, le manuscrit familial énoncé. Il s'agit d'un traité d'arithmétique resté à l'état d'un grand manuscrit in-folio (280*406 mm) de 224 pp. plus la table de 4 feuillets avec une date d'achevé au 1er avril 1819, intitulé « *Livre d'arithmétique du sieur Antoine Bourrier, fils unique, sous la régence de Monsieur Bousquet, instituteur primaire de la commune de Sérignan* ». Cet ouvrage est resté dans notre famille depuis lors, dans la descendance Massebiau-Massebiaux. La préface est ainsi écrite, je vous la livre sans toucher à l'orthographe d'un homme qui parlait en langue d'Oc et écrivait en Oïl qu'il parlait peu : « *La charité, très chers lecteurs, est la seule vertu qui règne dans le ciel aussi bien qu'a été le partage de mon glorieux père St-Antoine de Padoue, sur lequel ayant pratiqué durant le cours de sa vie cette éminente vertu avec tant d'éclat et de gloire, que le ciel pour couronner son mérite lui dépêcha une ambassade par le ministère d'un ange qui emporta cette principale de toutes les vertus, écrit la lettre dont ce qui oblige ce grand saint dut depuis pour respecter qu'il devoit rendre à ce présent venant de là choisir cette belle division pour armes à sa religion, ainsi qu'il est rapporté à l'histoire de son ordre. Et comme il est glorieux à un enfant de suivre les traces de son père, je me suis résolu d'accorder par charité à plusieurs personnes de diverses conditions que j'ai autrefois instruites et enseignées à pratiquer les quatre règles qui composent l'arithmétique, de mettre au jour et rapporter au public. Le titre ne sera pas néanmoins utile et profitable pour toutes sortes de personnes qui ont au petit commencement de cette science, et particulièrement pour ceux qui auroient de l'instruction pour le trafic et pour le commerce et pour le négoce, ensemble pour ceux qui se sont souvent plaints, et avec raison, que l'arithmétique étoit une chose qui s'oublie facilement, ce petit traité étant là de temps en temps empêcheroit d'oublier ce qu'on auroit appris avec peine. Même, j'avancerai encore : bien plus c'est que, quand ce livre sera lu par des personnes qui n'ont jamais eu connaissance de l'arithmétique, je m'assure qu'ils y apprendront beaucoup, sans enseignement ni instruction d'aucun maître. Ce sont des avantages si grand que quand je fais réflexion aux importunités qu'on m'a fait souvent de faire présent au public de ce traité, je trouve certainement que s'étoit avec juste raison qu'on me pressoit et que j'aurai fait comme la charité et privé mon prochain du bien et de l'utilité que portera a cet ouvrage dans lequel j'expliquerois toutes les parties y contenues, si familièrement que toute personne y trouvera satisfaction et contentement. Je désire donc pour cet effet très chers amis biens aimés lecteurs de vous donner l'explication des quatre parties de l'arithmétique avec celles du calcul décimal, de la règle des trois directes ou diverse double, règle de compagnie, simple double, des deux façons règle d'alliage avec un petit et bref traité des fractions, autrement dites nombres réponses, ensemble sera ajouté plusieurs et diverses propositions belles et curieuses et la méthode pour procéder aux racines carrées, pour dresser deux bataillons armés avec la liquidation d'intérêt et la réduction de monnoyes de plusieurs façons ».*

Je ne sais pas si Antoine Bourrier a cherché à éditer son livre. Je pense que la part trop grande accordée aux unités de mesure et de monnaie d'ancien régime a rendu obsolète cette œuvre au moment où le système décimal se généralisait. C'est bien dommage. Dans la famille on situait mal cet Antoine Bourrier. Ma cousine, donataire du manuscrit, retenait le premier Antoine de sa généalogie maternelle, lequel était né en 1805. Cela ne collait pas pour un élève de quatorze et quinze ans : un niveau élevé des sciences arithmétiques, une écriture très affirmée et, surtout, quelques commentaires qui écartaient cette possibilité, souvenez-vous : *« je me suis résolu d'accorder par charité à plusieurs personnes de diverses conditions que j'ai autrefois instruites et enseignées ».* Il s'agit du grand-père du jeune Antoine, même nom, même prénom mais né en 1759 et mort en 1823. Il se dit fils unique car il n'eut pas de frère en effet mais une sœur qui est dans mon ascendance, ce qui fait de l'auteur du livre un arrière-grand-oncle.

La présentation du manuscrit est très soignée. Le titre sur la première page est calligraphié en larges lettres gothiques garnies à l'aquarelle en vert et entourées de rinceaux à l'encre. Dans le texte les lettres commençant les paragraphes sont parfois enluminées et toujours agrémentées de fines volutes.

Chaque chapitre est accompagné d'exercices. Ceux-ci sont vivants, mettent en situation des personnages réels, souvent des parents et amis : « *Monsieur Domergue, de la ville de Béziers, a acheté de Monsieur Louis Espinadel, fabricant d'eau-de-vie de la commune de Sérignan, 1 468 veltes d'eau-de-vie à raison de 16 livres 10 sols et 8 deniers le quintal...* » ou bien « *Le sieur Raymond Rolland de la commune de Sérignan, ayant trois filles, les envoie au marché de Béziers vendre des œufs...* » et encore « *une jeune fille qui portait des œufs au marché fit rencontre d'un jeune garçon qui voulait s'amuser avec elle...* ». Pour finir, ce dernier exemple, car ils sont nombreux : « *Au jardin de Monsieur Vallessie il y a un arbre, à cet arbre il y a 100 branches, à chaque branche 100 nids, dans chaque... etc.... On demande à Monsieur Antoine Bourrier combien...* ».

Le papier porte le filigrane « MONTGOLFIER », ce qui me permet de vous rappeler que la première « montgolfière » était en papier (1782). Cela permet aussi de dater ce support. Il est antérieur à 1800, époque où les Canson succèdent aux Montgolfier, la marque associant désormais Canson à Montgolfier.

Quand je reçus cette pièce familiale en héritage, j'eus aussi le beau lutrin sur laquelle elle reposait. Un pied de plus d'un mètre composé d'une vis baroque en plein bois. Ils forment un tout. De temps à autre, j'ouvre à une nouvelle page et je m'efforce de résoudre un exercice du sieur Bourrier. J'accompagne mes cousines vendre leurs œufs au marché de Béziers. Je ferme les yeux, je connais les platanes de la vieille route, je fredonne avec elles le *se canto*... Et les cigales me répondent.

J'oublie mon « *Armorial des Caylus* », inachevé depuis une trentaine d'années. Il est sur un beau papier bleu vergé du XVIIIe siècle, calligraphié avec soin à la plume. Les blasons sont finement peints à l'aquarelle. Le plus gros est fait. Il faut simplement terminer deux ou trois pages. Ensuite, je rechercherai un bon relieur. Le maroquin n'est plus dans mes moyens. Je choisirai un plein chagrin bleu nuit. Cette œuvre unique fera la joie d'un bibliophile du futur : « C'est mon plaisir » comme disaient La Rochefoucauld et les siens.

XVIII
Louis XIV

E bon bibliophile ne résiste pas au défaut de la bibliomanie. Il n'y a pas d'intérêt à l'accumulation des *Semaines Saintes*. La typographie est toujours parfaite mais enfin pourquoi en avoir une vingtaine, une trentaine ou plus ? Le texte n'a pas été modifié. Sous l'ancien régime, chaque année, le Roi, la Reine et les petits princes faisaient faire ces quelques exemplaires pour les distribuer aux nouveaux titulaires des charges de leur maison, des maroquins somptueux. Aussi trouve-t-on des collectionneurs de ces reliures armoriées qui les présentent sous vitrine dans l'ordre chronologique des règnes. J'ai même entendu l'un d'eux me dire : - je cherche Louis XIV, il me manque…

Je ne suis pas de ceux là, je ne vise pas à l'exhaustivité du genre mais enfin, quand il m'arrive de voir à un prix abordable l'une de ces reliures, ce qui est de plus en plus rare, je résiste difficilement à la tentation.

Cela m'est encore arrivé l'été dernier. Un libraire de province, d'une urbanité totale, sachant mon penchant maniaque pour les reliures armoriées, me dit : - je n'ai rien trouvé pour vous depuis longtemps mais, si vous le voulez, je peux vous montrer un bouquin que j'ai en vitrine chez moi. Je me dis qu'il serait en meilleure compagnie chez vous. C'est une Semaine sainte, la reliure est très belle… J'étais un peu ennuyé, résistant depuis longtemps à l'acquisition de textes peu intéressants pour la bibliophilie. Je faisais la moue sans vouloir néanmoins vexer mon interlocuteur. Je lui répondis : - je passerai la semaine prochaine, amenez donc votre livre.

In petto, je me disais que j'allais devoir être diplomate pour refuser cette acquisition. J'étais bien certain de cette décision. Le jour dit, me voilà chez l'ami libraire, il me tend un petit paquet enveloppé dans du papier de soie que j'ouvre délicatement et apparaît alors une magnifique reliure « à la fanfare » habillant une Semaine sainte de 1708 aux armes de Louis XIV. Je reste bouche bée devant le trésor. Le libraire me dit : - C'est pas mal, hein ? - En effet, dois-je convenir.

Les reliures « à la fanfare », nées au XVIᵉ siècle, n'ont cessé de se perfectionner avec la finesse des fers. On est là sur une des dernières du genre. Au XVIIIᵉ siècle, ce sont de grandes plaques ciselées qui seront apposées sur les plats, technique développée par le relieur du Seuil. Mais là, les compositions sont faites d'assemblages complexes dont la finesse restera inégalée.

Un des plus grands bibliophiles du XXᵉ siècle, Raphaël Esmerian (1903-1976), a non seulement accumulé les reliures les plus belles produites au cours des temps, mais il nous a laissé le fruit de son travail pour identifier les ateliers de reliure en attribuant les fers aux uns et aux autres, observant également les successions, les généalogies de ces ateliers aux époques où le savoir se transmettait dans cet artisanat d'art. On doit remercier les grands commissaires-priseurs associés Ader, Picard et Tajan, de nous avoir fait connaître les recherches de Raphaël Esmerian. Elles restent à ce jour la grande référence[37].

---

37 La vente de la bibliothèque Raphaël Esmerian se fit en six parties de 1972 à 1974 et donna lieu à la publication de cinq volumes. Les recherches d'Esmerian sur les ateliers de reliure sont publiées dans le second volume

Cette reliure « à la fanfare » est attribuable sans conteste à « l'atelier des Caumartin ». Pourquoi cette désignation ? Esmerian écrit : *je l'appelle ainsi pour la mauvaise raison que deux des trois volumes que je possède de cet atelier portent les armes d'un membre de la famille Caumartin.*

J'ai deux ouvrages « aux armes » venant de cette famille Caumartin. Le premier, « *Les odes et satyres d'Horace* », édité par Daniel Heinsius chez Elzévir en 1628, est bien « à la fanfare » et sur laquelle on retrouve les petits fers décrits par Esmerian, relié postérieurement pour Robert Le Fèvre de Caumartin (1640-1729), avec son ex-libris. C'est un joli petit exemplaire, plus complet que celui de la BNF qui s'arrête à la page 239 (sig. P8), alors que le nôtre a dix pages supplémentaires (sig. Q5)[38].

Mais la Semaine sainte est encore plus impressionnante. Esmerian arrêtait la production de cet atelier en 1701. On a depuis revu ce jugement en allant jusqu'en 1710, voire 1715. Notre exemplaire de 1708 n'est donc pas hors champ. Quel magnifique travail, il a résisté au temps, les contre-plats et gardes sont habillés d'un rare papier doré-gaufré dont les volutes sont en harmonie avec celles des plats.

Vous devinez déjà ce qu'il advint. Le libraire était enchanté de me faire plaisir et minora son prix. Je n'ai pas résisté.

(vente du 8 décembre 1972 à Paris au palais Galliera).

38 Brunet (op. cit., 2-635), décrit cette édition comme « *assez jolie, que l'on ne trouve pas facilement complète et bien conservée* ». Elle a bien les deux titres (1628 et 1629), que l'on ne voit que sur les exemplaires en un seul volume ne renfermant que le texte d'Horace.

Pour en revenir à Louis XIV, j'ai d'autres ouvrages à ses armes. Le plus étonnant est celui de Hugo de Groot, « *De veritate religionis Christianae* », un Elzévir de 1675. Le fer aux armes répète les blasons de France et de Navarre surmontant un L couronné, le tout entouré des ordres du Roi. C'est un fer que Louis XIV utilisait pour sa bibliothèque personnelle, imité de celui de son père. Le texte est une apologie de la religion chrétienne. De Groot est un protestant partisan de la tolérance religieuse. Il se réfugiera à Paris et publiera des textes appelant les chrétiens à l'unité. Je ne sais pas si le Roi a lu ce texte. En tout cas, il n'en n'a pas suivi la morale. En 1685, il révoquait l'édit de Nantes.

Du même Roi, j'ai le troisième volume de « L'état de la France » (1708), sorte d'annuaire administratif de l'époque, passionnant et dans un maroquin presque parfait.

XIX
Louis XV et ses enfants

POURSUIVONS notre voyage parmi les lis. Ce pauvre Louis XV eut une enfance sans parents, il devient Dauphin et successeur de son arrière-grand-père à l'âge de trois ans et demi. Son père, le duc de Bourgogne, était mort en février 1712 et sa mère une semaine plus tôt, âgés respectivement de trente et vingt-sept ans. Vous me direz que les princes n'étaient de toute façon pas élevés par leurs parents. Il faudra attendre Louis XVI et Marie-Antoinette pour que la famille royale ait un comportement plus bourgeois et prenne ses enfants sur les genoux.

La pauvre Marie-Adélaïde de Savoie, mère de Louis XV, fut Dauphine moins d'une année entre le décès de son beau-père et le sien. La conséquence de ces brèves existences pour les bibliophiles est la rareté des livres à leurs armes. Ils sont même rarissimes pour la courte période delphinale. Le duc de Saint-Simon, dont les « Mémoires » furent un des grands plaisirs de ma vie de lecteur, nous en laisse un portrait saisissant : « *Douce, timide, mais adroite, bonne jusqu'à craindre de faire la moindre peine à personne. Régulièrement laide, les joues pendantes, le front trop avancé, un nez qui ne disait rien, de grosses lèvres mordantes, des cheveux et des sourcils châtain brun fort bien plantés, des yeux les plus parlants et les plus beaux du monde, peu de dents et toutes pourries dont elle parlait et se moquait la première, le plus beau teint et la plus belle peau, peu de gorge mais admirable, le cou long avec un soupçon de goitre qui ne lui seyait point mal, un port de tête galant, gracieux, majestueux et le regard de même, le sourire le plus expressif, une taille longue, ronde, menue ; aisée, parfaitement coupée, une marche de déesse sur les nuées ; elle plaisait au dernier point... Elle ornait tous les spectacles, était l'âme des fêtes, des plaisirs, des bals, et y ravissait par les grâces, la justesse et la perfection de sa danse... Si la cour subsista après elle, ce ne fut plus que pour languir. Jamais princesse si regrettée, jamais il n'en fut si digne de l'être, aussi les regrets n'en ont-ils pu passer, et l'amertume involontaire et secrète en est constamment demeurée, avec un vide affreux qui n'a pu être diminué... ».*

C'est sur une « Semaine sainte » de 1708 encore, un plein maroquin très frais, que je retrouve ses armes. Au dos, entre les nerfs, ses initiales surmontées de la couronne de lis des filles et fils de France.

Du Roi Louis XV, je n'ai pas grand-chose d'intéressant sauf, peut-être, au regard de la qualité de la reliure, le quatrième tome des « offices tirés de l'écriture sainte... ». Encore un plein maroquin rouge ancien, filet à froid, semé de fleurs de lis avec armes du roi au centre des plats, dos orné de fleurs de lis entre les faux nerfs à froid, tranches dorées, filet à froid sur les coupes, contre-plats et gardes avec papier aux étoiles dorées. Sur la première contre-garde est inscrite la mention ancienne : « Mme la Duchesse de La Rochefoucauld rue de Varennes ». Je crois avoir lu que cet hôtel avait été pillé lors de la Révolution et je crains bien d'avoir entre les mains un fruit de ce pillage. Cet ouvrage de mademoiselle de La Chausseraye eut un gros succès à la Cour. On le retrouve dans le catalogue de la bibliothèque de madame de Pompadour. Il est imprimé en gros caractères. C'est peut-être une raison de son succès.

J'ai aussi une grande et belle reliure aux armes de Louis XV dans un veau raciné de toute beauté. C'est ce qu'on appelle une reliure postiche, un faux en quelque sorte. Elle habille un ouvrage de généalogie de 1888, assez rare, écrit par le comte de Guilloteau de Grandeffe sur sa famille (1832-1900) et vient de sa bibliothèque. Il fut le dernier de sa maison. Je comprends mal qu'il ait préféré les armes de Louis XV à celles de sa famille. C'est pousser un peu loin le sentiment royaliste.

De même que le père de Louis XV n'avait pas régné, son fils ne régna pas davantage. Il mourut en 1765 âgé de seulement trente-six ans, avec une réputation de grande capacité et intelligence. C'est peut-être le grand Roi qui manqua à la France dans la dernière partie du XVIIIᵉ siècle. D'autres sources nous le montrent orgueilleux à l'extrême et assez tyrannique pour son entourage. Il eut au moins la qualité d'être fidèle à sa femme et très pieux, ce qui était nouveau dans la famille. En 1743 ou 44, on le fiance à sa tante à la mode de Bretagne, l'infante Marie-Thérèse d'Espagne. Le mariage a lieu en 1745. Il a seize ans, elle dix-neuf, et tombe éperdument amoureux de son épouse. Je ne vous conterais rien de ce beau roman si je n'avais un petit cadeau que fit le Dauphin à sa future au moment des fiançailles. Encore un « Office de la Semaine sainte », de tout petit format (in-8 de 64*122 mm), daté de 1743. Un plein maroquin avec sur les plats, en encadrement, une large dentelle dorée portant dans chaque écoinçon un cœur contenant un dauphin couronné, très certainement un travail de Pasdeloup. Malheureusement, les coiffes sont très abîmées avec des manques mais cela reste un petit livre chargé d'Histoire.

Du même et de la même année, en superbe état cette fois-ci, un autre plein maroquin, dentelle dorée semblable sur les plats. Les dauphins des écoinçons ne sont plus dans des cœurs mais dans des ovales. Il s'agit toujours d'un texte religieux : « Les Heures nouvelles dédiées au Roi ». Ce qui est remarquable ici tient au petit coffret de cuir en forme de livre où s'insère l'ouvrage. Un très fin travail portant un petit écu aux armes de France sur un des plats. Je n'avais jamais vu ce genre de boîtier datant du XVIIIe siècle. Sur l'une des premières gardes une mention ancienne montre que l'ouvrage fut « distrait » dès l'ancien régime : « Angélique Vandertien, chez madame Bouchard, à Lille 1773 ». Une autre mention, sans doute postérieure, figure sur la dernière garde : « Vandertien, sur la place à Tournay ». Les livres voyagent, je l'ai trouvé en Basse-Normandie.

Pour en revenir au Dauphin, il est veuf et inconsolable dès l'âge de 17 ans. On l'oblige à convoler en secondes noces avec Marie-Josèphe de Saxe. Il l'aimera moins que sa première épouse mais lui fera tout de même neuf enfants, dont les trois derniers rois de la branche aînée : Louis XVI, Louis XVIII et Charles X.

J'ai trouvé deux panégyriques écrits à la gloire de Louis de France, mort le 20 décembre 1765. Ils sont reliés ensemble à l'époque, portant en queue les armes de Louis-François-Armand de Vignerot du Plessis de Richelieu (1696-1788), duc de Richelieu, maréchal de France (1748), filleul de Louis XIV et favori de Louis XV. Le premier est d'une typographie admirable, débutant par une grande gravure portant le titre drapé de deuil : « Portrait de feu Monseigneur le Dauphin ». Deux portraits sont également gravés, celui du défunt et celui de son fils, le premier peut-être du futur Louis XVI. Le trait est d'une grande finesse, ce qui s'explique quand on en connaît l'auteur : Charles-Nicolas Cochin fils (1715-1790). Mon exemplaire me paraît être « avant la lettre ». Celui de la Bibliothèque nationale de France est légèrement différent, avec le nom de l'éditeur rapporté au bas de la gravure de titre, ce qui n'est pas le cas du mien. L'approbation de l'impression date du 29 janvier 1766, soit un mois et quelques jours après le décès du prince. On attribue cet ouvrage au duc de La Vauguyon qui avait été le menin du Dauphin et son ami proche. Il conclut son opuscule si délicat : *Ce sera du moins une consolation pour moi d'avoir été des premiers à jeter quelques fleurs sur son tombeau et à rendre un hommage public à sa mémoire.* Le second apologue s'appelle Thomas. Il publie fin mars 1766 un long « éloge de Louis Dauphin de France » qui est un pur et conventionnel exercice de style.

Je voulais aussi vous parler d'une des filles de Louis XV. Dans les plaisirs d'un bibliophile il y en a un peut-être supérieur aux autres, c'est celui d'acquérir dans une vente des bouquins. On les convoite, on tremble d'être coiffé sur le poteau par plus riche ou plus habile. Dans le monde moderne, avec les ventes en direct sur internet, la concurrence est rude. On ne peut pas juger son monde. Les enchérisseurs sont soit au téléphone, soit en salle, soit sous l'anonymat de l'internet. De ces trois canaux peut survenir à tout moment une attaque fulgurante qui remportera la mise. C'est dans une de ces aventures que j'ai acquis deux volumes de l'Histoire de Trogue Pompée de Justin dans une traduction de La Martinière publiée à Lyon en 1697. Deux merveilleux petits maroquins citron d'époque portant sur les plats un écu féminin en losange, à trois fleurs de lys, surmonté de la couronne des princes (et princesses). Ce fer est parfaitement identifié puisqu'il s'agit de celui de Madame Sophie, fille de Louis XV et de Marie Leczinska.

Louis XV et Marie Leczinska eurent trois filles bibliophiles qui utilisèrent exactement le même fer. Ce qui permet d'identifier la provenance est la couleur du maroquin des reliures. *Madame Adélaïde faisait revêtir les siens en maroquin rouge, Madame Victoire, en vert, et Madame Sophie, en citron. Ces ouvrages, qui étaient reliés par Fournier, à Versailles, et par Vente, concernaient pour la plupart la religion, la littérature, l'histoire et les voyages* (OHR).

On sait que Madame Sophie (1734-1782) *était d'une extrême timidité. Elle s'instruisait beaucoup par la lecture, mais elle lisait seule. La présence d'une lectrice l'eût infiniment gênée. Elle légua une partie de sa bibliothèque à la marquise de La Porte de Riants, née Colbert de Croissy, sa dame d'honneur et ses livres sont devenus plus rares que ceux de Madame Victoire et de Madame Adélaïde, ses sœurs [E. Quentin-Bauchart, les femmes bibliophiles de France, 128].*

Quand j'ouvre l'ouvrage, je vois que Mme Sophie marqua à la plume l'avancement de sa lecture. Je suis ému de retrouver ces traces laissées par la princesse dans la solitude de son cabinet. Me voici avec elle à Versailles. Je ne fais pas de bruit mais me voilà heureux.

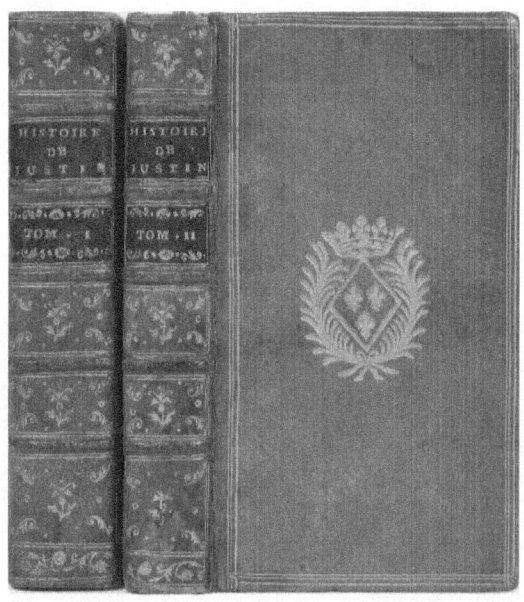

XX
Au temps des Incunables

C'EST le privilège de l'auteur de sauter du coq à l'âne. Il faut savoir changer d'étagère, aller de meuble en meuble, d'un manuscrit à un imprimé joliment relié, d'un Roi à un autre et aboutir on ne sait pourquoi à déranger un incunable. Je n'ai pas terminé de vous ennuyer avec les têtes couronnées mais j'ai maintenant envie de vous parler de mon incunable.

Je n'en ai qu'un. Il m'en fallait un. Il est rangé avec quelques seizièmes sur l'étagère des exilés. Je sais bien que ceux-là attendent un collectionneur où ils baigneront avec leurs contemporains mais je leur demande un peu de patience. Je les aime bien après tout et je prends soin d'eux.

Quand j'étais parisien, il y a une trentaine d'années, je passais souvent voir mon ami Guy Bechtel. Il avait à l'époque un hôtel particulier avec jardin sur l'arrière d'un immeuble de l'avenue de Wagram. C'était un plaisir de siroter avec lui un apéritif dans son bureau tapissé d'incunables, de seizièmes à figures et d'impressions gothiques en français dont il est le spécialiste mondial[39]. Il savait en parler mieux que personne. Il sait toujours mais les incunables ont repris leur chemin. Le grand âge venant, il s'est résolu à tout vendre. Le vendredi 6 mars 2015, deux cent vingt lots d'exception étaient dispersés à Drouot sous le marteau des maîtres Binoche et Giquello, l'expert étant Dominique Courvoisier. Il reste de cette aventure de

---

39 Guy Bechtel, *Catalogues des gothiques français 1476-1560*, 2ᵉ édition, 786 pp., Librairie Gibaud-Badin, 2010. Plus de 6 000 éditions y sont décrites.

bibliophile un catalogue d'anthologie et des ex-libris comme preuve de cette parenthèse.

Revenons donc quelques décennies en arrière. Nous discutions Histoire, philosophie, littérature et même politique mais Guy finissait toujours par parler de son prochain achat, le livre convoité parfois durant des mois, des années. En attendant, il me présentait le dernier entré dans ses rayonnages, un Térence de 1496 ou une « Nef des fols » de 1513. J'appris de lui tout sur l'invention et l'évolution de l'imprimerie, les ateliers germaniques et français, italiens aussi, la xylographie et autres tentatives pour transmettre sur le papier le savoir et les aspirations humaines. Quand il écrivit son « Gutenberg » en 1991-1992, il m'envoyait au fur et à mesure son tapuscrit pour relecture. L'Académie française couronna ce grand travail qui mettait en lumière un personnage somme toute peu connu.

Si j'étais admiratif devant les livres vénérables, je savais déjà que mes propres aspirations ne me mèneraient pas vers cet univers. Cependant, par hommage peut-être, je me suis dit qu'il me faudrait un incunable dans ma bibliothèque. Un seul, complet et si possible de petit format, d'un auteur prisé et imprimé par un atelier parisien. Ces exigences excluaient la majorité des incunables que l'on peut encore trouver sur le marché. J'en parlai à un courtier en qui j'avais confiance et, quelques années plus tard, je pus acquérir mon incunable.

Mais qu'est-ce qu'un incunable ? Tout ouvrage imprimé en Europe entre l'invention de l'imprimerie (ca 1454) et le 1er janvier 1501. C'est une convention et comme toutes les conventions elle est arbitraire. Un livre imprimé le 1er janvier 1501 ne sera pas incunable. Jusqu'en 1550, les libraires présentent les ouvrages comme « post-incunables ».

Côté format, je ne fus pas déçu. J'avais en main un petit in-8 de 91*132 mm, dans un état de fraîcheur extraordinaire, imprimé à Paris en 1495, édité par J. Moerart[40] et imprimé par Pierre Le Dru. Le titre latin « *Consolatorium timorate conscientie* » ne vous aide pas à comprendre qu'il s'agit là d'une œuvre de Johannes Nider (1380-1438). Ce dominicain souabe est surtout connu pour une autre œuvre, bien plus recherchée, le fameux « *Formicarius* », souvent présenté comme un traité sur la sorcellerie mais qui est bien plus que cela, traitant de toutes les questions sociales de l'époque[41]. Mais revenons à mon incunable, entièrement « rubriqué » à l'encre rouge. J'ai eu une petite déception cependant en constatant qu'il manquait peut-être le dernier feuillet de la table finale si je me fie à la fiche de la BNF. Le livre a été relié au XIXe siècle dans un demi-veau au dos orné, rappelant le titre, la date et, c'est ici la surprise finale que je voulais vous faire, les mêmes indications pour le second titre relié à la suite, le « *Confessionale seu manuale confessorum* » du même auteur, publié par Jehan Petit à Paris en 1521. Cette édition n'est pas incunable mais extrêmement rare.

J'envoyai la description de mon acquisition à Guy et j'eus ce retour : *Cher Dominique, mes félicitations pour votre achat : un incunable, c'est tout de même autre chose qu'un livre de poche, le papier est souvent sublime, les caractères très beaux, et puis Nider, qui eut tant*

---

40 La belle marque de Moerart au titre dans un encadrement portant la devise en gothique : « Dieu soit à mon commencement et à ma fin ».

41 Dans la vente de la première bibliothèque « Alchimie – Magie - Sorcellerie » de Guy Bechtel, en 1978, je ne trouve qu'un seul Nider, le « De visionibus ac revelationibus.. », édité en 1517 mais ici dans la seconde édition de 1696, exemplaire ayant tout de même appartenu à Stanislas de Guaïta.

d'influence dans la dramatisation de la vie religieuse, est un auteur important. Pour votre édition du « Confessionale », je crois qu'on n'en connaît qu'un exemplaire (à la Bibliothèque Mazarine), car je ne le trouve repéré nulle part ailleurs. Vous le trouverez décrit (hélas, sommairement) dans l'Inventaire Chronologique des éditions parisiennes du XVIe siècle, III, 1521-1530, à l'année 1521, n° 194 : Nider (Johann) Confessionale seu Manuale confessorum... cum tractatu De septem peccatis mortalibus. Jean Petit. 8°. Je peux donc compléter cette description en donnant le nombre de feuillets (60 f. sig. a8-h4) et la date du colophon : *impressum Parrisii. Anno domini millesimo quingesimo vicesimo primo.* Une dernière précision, des ex-libris manuscrits anciens, sans doute du début du XVIe siècle, m'ont permis d'identifier le premier propriétaire, un certain Fr. Francis Arambourt, frère convers à Langres.

Je replace maintenant l'incunable en remarquant que le relieur du XIXe siècle a joliment marbré les tranches tout en ayant la délicatesse de ne pas exagérément rogner les marges. Il en faut beaucoup de bonne volonté pour franchir sans trop de dommages les nombreux siècles.

XXI
Marin-Marie[42]

MAIS que vient faire là un peintre de marine du
XXᵉ siècle ? C'est le plus méconnu de mes jardins secrets.

Le peintre est connu, sa côte est soutenue, mais Marin-
Marie est avant tout un homme de la mer. En 1945, il
publie son premier livre, en anglais, *Wind aloft-wind alow[43]*,
auto-illustré, qui est le récit de ses deux premières
traversées en solitaire.

Il est déjà un peu connu quand il publie en 1957 « *Grands
coureurs et plaisanciers* », un énorme in-folio truffé de ses
splendides aquarelles et seulement imprimé à cent quatre-
vingt-quinze exemplaires, la plupart du temps désossés par
les marchands. J'abordai cet ouvrage par l'avant-propos de
mon cher La Varende, qui n'y ménageait pas la
dithyrambe pour son ami normand.

Marie-Marie était né en Mayenne, non loin de la frontière
normande, mais d'une vieille famille du Mortainais et du
Domfrontais. Sa dernière résidence était à Saint-Hilaire-
du-Harcouët et il passait le plus de temps possible dans la
maison familiale de la grande île de Chausey en
embarquant à Granville. C'est un pays. D'autant que sa
femme, Germaine Fauchon de Villeplée, porte le nom
d'un fief situé à quelques centaines de mètres de ma petite
maison normande. Marin-Marie est enterré deux
kilomètres plus loin. Tous les ans, je vais lui rendre visite
en voisin.

---

42 Marin-Marie Durand Couppel de Saint-Front (1901-1987)
43 Édité en français en 1989 chez Gallimard, *Vent-dessus, vent-dedans.*

Je l'ai croisé une fois, en 1978. Nous embarquions ensemble à Granville pour Chausey. C'était en hiver, le ciel était bas et la mer formée. Le « Président Quoniam » qui faisait la navette n'était pas de première jeunesse. On racontait même que c'était une prise de guerre aux Allemands. Il embarquait suffisamment d'eau lors de chaque traversée pour faire bien fonctionner les pompes. C'était d'ailleurs la seule préoccupation du capitaine, que les pompes tiennent. Pour le roulis c'était autre chose, tout bon marin commence par nourrir les mouettes et les poissons. Tout le monde, cinq à six personnes, attendait impatiemment l'entrée dans le *Sound* une fois laissés à tribord les *Huguennants*.

Je fus un peu déçu en voyant l'illustre « peintre de la Marine ». Un petit gros avec une casquette de marin sans âge vissée sur la tête. Il rejoignit assez vite le capitaine dans la cabine de pilotage et nous entendions les rires des deux compères. Je l'aperçus encore une ou deux fois près de sa maison. Il ne me serait pas venu à l'idée de le déranger.

En 2002, un éditeur malouin passionné se lança dans un projet fou, rééditer à l'identique l'introuvable « *Grands coureurs et plaisanciers* ». La famille du peintre lui avait confié l'exemplaire de l'auteur, comportant ses corrections et ajouts manuscrits. Une souscription fut lancée et le pari fut gagné, la réédition vit le jour, limitée à neuf cent vingt exemplaires devenus depuis introuvables. J'ai pour ma part souscrit à l'un des cent premiers exemplaires sur vélin d'Arches comportant un tirage du cuivre « *Arielle sur les bancs de Terre-Neuve* » et une suite sur vélin d'Arches des 10 planches en couleur. Je ne le regrette pas.

Je ne veux pas ici raconter Marin-Marie, du commandant Charcot à la grande fresque de Saint-Hilaire. Je peux simplement vous dire que si le peintre a su m'émouvoir, la vie de l'homme bien plus encore. Une biographie très intime l'a retracé avec un souffle grand et rare et j'y renvoie simplement. Roman Petroff l'a publié sous le titre « *Marin-Marie, un siècle d'aventures maritimes* ». C'est un régal. En 2009, cette œuvre mémorable a fait l'objet d'un tirage luxueux, véritable objet d'art, à la librairie ancienne des « trois îlets », agrémenté de nombreuses reproductions en noir et blanc et couleur, in et hors texte, des croquis de jeunesse aux aquarelles de l'âge mûr, le tout dans une reliure de toile bleue avec, sur le premier plat et au dos, en lettres d'or, MARIN MARIE, le tout sous emboîtage de même toile. Cette édition fut limitée à mille trente exemplaires, le mien étant l'un des cent premiers, comportant un portrait gravé de Marin-Marie relié en frontispice, trois gouaches au pochoir et une suite de cinquante planches en couleurs sur papier de Rives. Le seul défaut de ce remarquable livre est son volume et son poids. Il n'est pas facile à compulser et encore moins à entreposer. Il a rejoint en haut d'un mur une étagère où je place les formats hors normes. Il est en bonne compagnie avec les « Versailles », « Rodin » et « Vénerie » de La Varende, « Au pays de Brière » de Châteaubriant, tous parés par de grands illustrateurs du XXe siècle.

Marin-Marie illustra aussi, Vercel, Peisson, Sizaire entre autres. Il était humble, comme tous les gens de grand talent. Dans un très bel album de souvenirs, son fils, Yves de Saint-Front, nous cite le peintre :

> « *La peinture c'est très simple,*
> *On essaie de poser harmonieusement,*
> *Mais à la limite du risque,*
> *Des taches de couleurs sur le papier*

Et il faut que ça fasse bien ».

Dans son avant-propos de 1957, La Varende concluait : « *Je me demande avec curiosité comment en jugera l'avenir ? Oui, quelle sera la place qu'il lui réservera et que Marin-Marie n'occupe pas encore, d'ailleurs probablement grâce à sa flemme, à sa gouaille intime, à son mépris pour les chichis et les flaflas. Je ne crois pas qu'elle soit de second ordre* ».

XXII
Les « grands papiers »

AU fil des pages, vous avez souvent lu « premier papier », « second papier », « papier d'Arches », « vélin du Marais » et autre « pur fil ». Ce sont des mentions de « grands papiers ».

Au XVIIIᵉ siècle de telles mentions n'existent pas. On sait par les bibliophiles qu'il y eut déjà des tirages plus luxueux que d'autres, des gravures « avant la lettre » et toutes ces particularités faisaient la rareté d'un ouvrage. Il y eut aussi des titres produits à petit nombre sur des imprimeries « privées » et à diffusion non commerciale.

Au XIXᵉ siècle se développe la bibliophilie de luxe. L'édition de tel ou tel titre s'adresse souvent à un lectorat restreint qui se verra distribuer l'intégralité de la production sur des papiers rares ; de quelques exemplaires sur les plus prestigieux à quelques centaines, souvent un beau « vergé », pour le commun. À titre d'exemple, je cite un titre de l'archiviste Alphonse Chassant, qui en 1858 publia chez l'éditeur Auguste Aubry, coutumier des petits tirages de luxe, « *Nobiliana, curiosités nobiliaires et héraldiques* ». En tout, il y eut six cents exemplaires. Le plus grand nombre, cinq cent soixante-quatre exemplaires, est imprimé sur « papier vergé ». Ils ne sont pas numérotés, seuls les trente-six de tête le seront, à la main, paraphés par l'éditeur, soit dix-huit exemplaires sur « papier vélin », six sur « papier rose », six sur « papier vert » et, enfin, les plus prestigieux : six sur « papier chamois ». Je possède le numéro trois, très grand de marge. Je le fis relier chez Mativet[44] d'un plein chagrin bleu nuit, double filet doré sur les plats, fleurs de lis dorées dans les écoinçons, dos à nerfs, titre doré et date de même en queue, roulette dorée à l'intérieur des plats, contre-plats et gardes marbrées, toutes tranches dorées : du très beau travail d'artisanat d'art.

C'est avec l'arrivée du papier produit à partir du bois et non plus de chiffons, que le coût du papier baisse considérablement. Utilisé pour les journaux dès la fin du XIXe siècle, l'édition livresque s'en empare à l'issue de la Première Guerre mondiale pour assurer les gros tirages et la demande croissante du public. Je simplifie à l'extrême une évolution plus nuancée pour expliquer combien ce phénomène va impacter la bibliophilie de l'entre-deux-guerres. La démocratisation de la lecture naît vraiment avec les Années folles. Certains auteurs expliquent ce besoin nouveau comme né de la préoccupation, dans toutes les familles, de suivre les nouvelles du Front de 1914 à 1918. Il fallait savoir ce qui se passait là-bas dans les tranchées où tous les jeunes subissaient au quotidien les affres de la guerre. Au-delà d'une explication univoque, il faut coupler ceci avec l'évolution de l'alphabétisation des campagnes et des villes depuis l'école obligatoire. Je vous laisse en débattre. Ce que nous observons est, en effet, l'explosion éditoriale à ces époques.

Ce papier bois s'avéra un support fragile à la dégradation rapide. Le beau papier blanc virait. Il jaunissait, devenait friable. Nous avons tous eu en main ces bouquins bon marché qui se délitent en poussière. La Bibliothèque nationale de France, sanctuaire de la conservation de tous nos écrits, a été obligée de développer des méthodes

---

44 C'était un plaisir d'aller dans cette maison que me fit découvrir Guy Bechtel au début des années quatre-vingts, près de N-D-de-Lorette. À l'époque trois générations de Mativet travaillaient ensemble.

onéreuses de stabilisation chimique pour pouvoir assurer aux générations futures un regard sur tous ces titres, livres et journaux.

Les éditeurs ne sont pas des philanthropes, ça se saurait. Ils avaient trouvé le moyen de satisfaire le grand nombre mais la clientèle bourgeoise ne l'était plus. Ceux-là étaient prêts à mettre le prix pour avoir un papier noble, un de ces papiers fabriqués avec du lin et du chanvre par les moulins traditionnels : Arches, Auvergne, Crèvecœur, Hollande, Jehannot, Lafuma, Marais, Montgolfier, Navarre, Voiron et autres institutions séculaires dont les noms se lisent par transparence sur les nobles filigranes.

Tous les auteurs ayant un certain succès exigèrent ces tirages à part. Ce qui était anecdotique au début du siècle devint la règle. Même durant la guerre où le papier était contingenté, les auteurs à succès restaient sur ces lancées. Quand La Varende fait paraître chez Grasset « Le Roi d'Écosse » en 1941, le tirage de tête atteint six cent cinquante et un exemplaires, tous numérotés sur cinq papiers différents. Je ne vais pas tous les détailler, sauf pour les deux premiers, treize « japon impérial » et quinze « vélin d'Arches ». Je conserve un exemplaire sur « vélin d'Arches » (n° 2), relié en plein chagrin rouge ancien par P. Courty, dos à quatre nerfs, pièces de titre et nom d'auteur, tête dorée. La particularité très rare de cet exemplaire du « second papier » est de porter, sur le centre du premier plat, le monogramme entrelacé MPC qui est celui de Maria-Pia Chaintreuil, la dernière muse de l'écrivain. C'est un livre au contenu solide et nostalgique. Il se déroule dans les brumes de la capitale Bretonne au début du XXᵉ siècle, là même où l'auteur de Nez-de-Cuir suivait alors les cours des Beaux-Arts.

Après la seconde guerre, la mode s'accentua encore. Toujours chez Grasset, en 1947, La Varende fait paraître « *Le troisième jour* ». Le tirage de tête devient d'une complexité telle qu'il devient difficile de décréter quel est le premier papier. Jugez-en :

- 38 sur Madagascar
- 112 sur vélin pur fil
- 525 sur vélin Alma du Marais
- 2 050 sur vélin de Billebuds

Voilà pour le tirage de tête, auquel il faut ajouter

- 25 sur Annam de Rives pour la Librairie Le Studio
- 50 sur Montval pour la Librairie Coiffard de Nantes
- 90 sur vélin de Rives pour la société des bibliophiles « Les Amis des Beaux Livres » (ABL)
- 250 sur vélin Renage pour les sélections Lardanchet
- 50 sur vergé pour les Amis de la Librairie Générale de Bruxelles.

Soit près de trois mille deux cents exemplaires numérotés sur neuf papiers différents. On imagine qu'il dut y avoir en plus des exemplaires de presse. Tout cela est de nos jours impensable. Je conserve pour ma part un très bel exemplaire du tirage ABL[45] (n° 23), dédicacé à M. Raoul Marchand dont la bibliothèque La Varendienne était réputée. Ce dernier le « truffa » d'articles de journaux et du « prière d'insérer » et le fit relier par M. Landre dans un beau demi-chagrin havane à coins, bandes mosaïquées au dos encadrées de filets dorés, tête dorée, le tout dans un style très « Art déco ».

Puis la mode luxueuse passa, les bibliophiles capables de dépenser des fortunes se raréfièrent. À titre d'exemple, je mentionnerai « *Le pouvoir* » publié par Maurice Druon chez Hachette en 1964. La mention du tirage de tête se

---

45 Les tirages des « Amis des Beaux Livres » étaient revêtus d'une double couverture spécifique que les relieurs ont souvent eu le tort de ne pas conserver.

déballonne : « *Il a été tiré de cet ouvrage 200 exemplaires hors commerce, numérotés de HC1 à HC200* ». Le papier n'est même plus précisé, mais c'est un papier glacé inaltérable, sans doute identique au tirage courant. Le n° HC194 que je prends sur l'étagère est agrémenté d'une belle dédicace : « *À Michel et Anne d'Ornano, pour continuer le débat d'avant-hier et leur dire le souvenir exquis que je garde de la jolie maison aux canards. Druon. 17Déc65* ». Ce couple cher à Deauville avait du goût. Ils firent relier l'exemplaire chez « Semet et Plumelle » dans un beau demi-maroquin vert Empire à coins, dos à nerfs et tête dorée. Ils firent de même avec « L'épée de l'amitié », publication hors commerce des discours faits à l'occasion de la remise de l'épée d'académicien à Maurice Druon en 1967.

Après 1970, ces tirages de têtes se réduisent considérablement. De plus, l'industrie papetière a su stabiliser suffisamment le papier de cellulose pour lui assurer une plus grande pérennité. Désormais, le « tirage de tête », hors pour l'édition de luxe, se cantonne à numéroter quelques exemplaires du tirage courant. C'en est terminé des « réimposés » sur vélin bouffant, Alfa et autre pur fil, Chine ou Madagascar.

À la bibliophilie de la littérature moderne ne reste que les belles dédicaces et l'habillage. Le surcoût considérable de la reliure vient peut-être de là. J'ai noté qu'en 1890, une reliure de bonne facture coûtait le quart du prix de l'ouvrage qu'elle habillait. De nos jours, c'est de huit à dix fois le prix du livre, tout en restant en entrée de gamme.

Si vous êtes chineurs chers amis, vous trouverez parfois ces « grands papiers » au milieu des romans de gare et autres drouilles entassés dans les brocantes. Je vous en prie, sauvez-les ! On les reconnaît aux tranches plus claires, à une tenue meilleure. Ce matin encore, à Vendôme où nous allons une fois par mois l'hiver, j'ai trouvé presque sans chercher deux bouquins amusants. Les rarissimes « *Mémoires d'Abd-el-Krim* » édités à Paris début 1927, recueillis par J. Roger-Mathieu alors qu'on emmenait le chef rebelle en exil. Le tirage de tête est limité à trente-cinq exemplaires sur « vélin pur fil ». Le mien porte le n° 30 avec un bel envoi de Roger-Mathieu. Puis, dans la même pile, les frais poèmes d'Yvonne de Brémond d'Ars, « *Fenêtre ouverte sur le passé* », ouvrage couronné par l'Académie française, illustré de belles gravures hors texte de G. Levent. Le tirage est conséquent puisqu'il fut de mille exemplaires numérotés sur un très beau papier pour les éditions Henri Lefebvre, en 1952. La couverture est un peu tachée mais sans gravité. Le tout m'a coûté cinq euros. Je n'en suis pas heureux, au contraire même. Cette désaffection de plus en plus générale des belles choses me désole. Un poème d'Yvonne de Brémond d'Ars me console :

C'est un peu le cœur du passé
Qui palpite en votre demeure ;
Rendez-là digne d'héberger
Ces témoins de lointaines heures.

XXIII
d'Hozier

VOILÀ un nom bien connu des généalogistes. Voilà aussi, hélas, un nom bien galvaudé au XIXe siècle quand on l'utilisa excessivement pour faire croire au sérieux de certaines publications de complaisance. On vous y fabriquait des armoiries à faire pâlir un authentique croisé et Charlemagne lui-même aurait mis chapeau bas devant les filiations publiées. Mais je ne crois pas que l'Empereur d'Occident portât un chapeau.

Il y a toujours eu des faussaires. Un millionnaire crédule se fit refiler une lettre de Jésus à Pilate, c'est vous dire. Dès le Moyen Âge, les moines truquaient leurs cartulaires pour contester les bénéfices d'autrui. Allez savoir si quelques hiéroglyphes hébergés dans d'austères musées ne sont pas des faux... D'époque !

Et si ce valeureux nom d'Hozier fut ainsi utilisé en gage d'authenticité, c'est que sous l'ancien régime, les « juges d'armes de France » qui le portèrent étaient d'une exemplaire probité.

Le premier de la lignée à accéder à cette charge, en 1641, fut Pierre d'Hozier (1592-1660). Je ne vais pas vous conter la vie du personnage, cela fut fait avec talent avant moi[46]. Il faut simplement se souvenir qu'il s'était fait une réputation méritée en généalogie et héraldique depuis son

---

46 Alain de Grolée-Virvile, *Les d'Hozier, juges d'armes de France*, P. 1978. Cet ouvrage publié aux dépens de l'auteur fut tiré à 500 exemplaires numérotés avec un tirage de tête de 30 exemplaires sur Arches dont je tiens en main le n° 2.

plus jeune âge. Il publia également et ses doctes écrits sont très recherchés[47].

J'ai eu la chance d'en trouver un fort prisé, la « *Généalogie de la maison des sieurs de Larbour dicts de Combauld sortie autrefois puisnée de l'ancienne race de Bourbon non royale* », publié en 1628 à Paris chez Claude Percheron[48]. Cet ouvrage fonde la généalogie moderne basée sur les titres originaux et non plus d'après le légendaire. Il est illustré de vingt-cinq blasons gravés rehaussés à l'époque à l'aquarelle ; d'un magnifique frontispice gravé représentant des personnages historiques, tel Hugues Capet, mais aussi des scènes telle celle du sac de Rome en 1527. On retrouve dans l'ouvrage une gravure à mi-page de Rome et de nombreux tableaux généalogiques, dont un dépliant ; sans omettre de belles lettrines et autres bandeaux.

L'originalité vient de l'envoi au bas du frontispice, malheureusement en partie biffé par un possesseur ultérieur : « *Pour Monsieur Isnard par son très humble serviteur - d'Hozier* ». C'est la plus ancienne dédicace de ma bibliothèque. Sur la première garde, un ex-libris manuscrit ancien : « *Cecy appartient à Pierre Isnard, huissier au château de Paris* ». Cet Isnard doit être « un pays », un provençal comme l'était Pierre d'Hozier, né à Marseille.

---

47 On trouve 36 entrées à son nom dans la « *Bibliographie généalogique héraldique et nobiliaire de la France* », Saffroy, 5 volumes, P., 1968-1988.

48 In-4° (24x18), frontispice, page de titre, 2 ff (épître à Charles de Combauld), 2 ff (errata), 8 ff (épîtres à M. d'Hozier de divers auteurs), 7 pages (au lecteur), 164 pages (1re partie contenant la généalogie de la maison de Combauld, devant & depuis sa séparation de celle de Bourbon), 6 ff (tableau généalogique et devise de Charles de Combauld), 5 ff (table des familles avec parenté et alliance avec la famille de Combauld), 6 ff (2e partie contenant l'arrêt donné contradictoirement en la cour des Aides de Paris partie en latin), 72 pages. Reliure d'époque en plein vélin.

Après le décès de Pierre, la charge de juge d'armes passa conjointement à ses deux fils, Louis-Roger et Charles-René, qui furent aussi nommés généalogistes des Ordres du Roi. L'aîné devint progressivement aveugle et l'essentiel de la charge fut assuré par le cadet qui est le grand maître d'œuvre de l'Armorial général. Par un édit de 1696, Louis XIV créait ainsi le *Dépôt public d'armes et blasons du Royaume*, plus communément appelé l'*Armorial général*. C'est connu, le premier but recherché était de remplir les caisses royales mises à mal par les guerres. On oublie que la conduite des enregistrements fut faite dans un souci d'orthodoxie héraldique. Enfin, exemple unique en Europe, ce recensement fut égalitaire : on enregistrait autant un prince, un évêque qu'un notaire de province, toutes les charges, nobles ou roturières, toutes les corporations. Il fut dès lors interdit à quiconque de porter des armoiries sans en payer la taxe d'enregistrement. Il y eut des rétifs : ils se virent attribuer d'office des armes souvent cocasses. Dans la noblesse, seuls les militaires furent exemptés. Tous les autres payèrent vingt-trois livres et dix-sols.

Au bout de trois années, un monumental recueil de cent dix-sept volumes in-folio avait été constitué. Je me souviens étant jeune être allé à la Bibliothèque nationale consulter ces registres à la recherche de blasons familiaux. Je restai admiratif devant cette accumulation de blasons finement peints. L'enregistrement ne portait que sur l'intérieur des écus, il n'y avait rien concernant les couronnes, heaumes, lambrequins ou devises. Je pense que c'est de là que vient le manque de rigueur en France sur les éléments extérieurs du blason. Aujourd'hui, cet immense travail est accessible de partout depuis un ordinateur. Quel progrès pour les chercheurs. Il n'empêche, moi, je regrette l'accès privilégié à la « salle des manuscrits », cette odeur de boiseries vénérables, ces chuchotements feutrés de chercheurs assidus aux cheveux blanchis. Je regrette l'instant, l'émotion, où je découvrais une ancienne charte dans les « pièces originales », les « dossiers bleus », les archives conservées des anciens juges d'armes. Je sortais de là dans un état second.

Voilà qui nous éloigne des d'Hozier : pas tant que cela. Ils furent nommés les gardiens de l'Armorial général. Surtout, ils en eurent le monopole de l'exploitation. En complément de cette source héraldique et universelle, Louis-Pierre d'Hozier, fils de Louis-Roger, allait entreprendre le monumental « *Armorial général de la Noblesse de France* ». Le dépôt des différentes « *recherches de noblesse* » se montait à plus de mille quatre cents volumes manuscrits. La publication des six registres de l'Armorial s'étala de 1738 à 1768 et comporte dix gros volumes in-folio. Ils furent publiés au fur et à mesure des compilations de titres et pas dans un ordre alphabétique des familles, lesquelles désossèrent souvent les registres pour ne conserver que leur notice. Il est donc très difficile de trouver l'édition originale complète qui a le défaut de n'avoir pas de table générale.

On trouve assez fréquemment épars ces registres. J'en ai accumulé quelques-uns au fil du temps. Au XIXe siècle, les éditions Firmin-Didot firent une reproduction de l'édition originale en treize tomes de 1865 à 1908, mais il fallut attendre 1970 pour avoir une nouvelle édition complète avec une table générale refondue permettant de s'y retrouver dans les différentes éditions[49]. En 1865, Louis Paris avait publié chez Bachelin-Deflorenne « *l'indicateur du Grand armorial général de France... dressé en vertu de l'édit de 1696...* ». Ce travail en deux

---

49 Éditions du Palais Royal, 12 volumes gr. in-8.

volumes est utile pour ceux qui ne possèdent que l'édition du XVIIIᵉ siècle de « *l'armorial général* ». Je l'avais trouvé il y a quelques décennies chez un libraire parisien de la rive gauche, relié dans un beau demi-chagrin noir, dos à nerfs, portant en queue les armes de la marquise de La Grange[50].

Au XIXᵉ siècle, le dernier d'Hozier, Ambroise-Louis-Marie, possédait encore une masse considérable d'archives dites du « Cabinet d'Hozier », souvent des dossiers individuels de recherches menées sur les familles sous l'ancien régime. Il tenta de faire acheter ce fonds considérable par la Commission du Sceau, ce qui aurait été une excellente chose. Cela ne se fit pas et à sa mort, en 1846, les archives séculaires se dispersèrent et alimentèrent les officines de margoulins qui monnayèrent à prix d'or ces épaves auprès des familles subsistantes. Ils s'emparèrent du nom d'Hozier pour éditer des nobiliaires et armoriaux peu fiables. Une si belle histoire se termina en lamentable déconfiture.

Tout cela explique pourquoi de temps à autre on voit apparaître dans les librairies anciennes des documents originaux portant le vénérable cachet du « Cabinet d'Hozier ». C'est ainsi qu'au début des années soixante-dix, je trouvai dans le catalogue n° 204 de la librairie Saint-Hélion, spécialisée dans la vente d'autographes et de documents historiques, le dossier de la famille Bernon de Rouairoux. J'élaborai alors le plan général de « L'histoire des Caylus » que j'allais mettre trente ans à écrire et

---

50 Constance de Caumont La Force, née à Paris le 20 mars 1801, morte au château de La Grange le 3 août 1869, fille du duc de La Force et de Constance de Lamoignon. Veuve du dernier Clermont-Lodève, elle épousa en seconde union Edouard Lelièvre, marquis de La Grange et de Fourille (1796-1876), ami d'enfance d'Alfred de Vigny. La marquise de La Grange tenait un salon mondain et cultivé.

c'était une chance de trouver ce dossier manuscrit constitué en mai 1726 « *sur les titres communiqués par monsieur de Cailus-Rouairoux lieutenant-général des armées du Roi* ». Ce document fut à l'origine de ma première publication historique[51]. Je n'ai pas hésité à faire habiller cette modeste notule d'un demi-chagrin rouge ancien dont le premier contre-plat porte mon premier ex-libris.

---

51 *Les seigneurs de Rouairoux du XVe au XVIIIe siècle*, in « Revue du Tarn », 3e série n° 88, hiver 1977.

XXIV
Les Orléans

ENCORE les lis mais pas n'importe lesquels quoiqu'il n'y en ait pas de communs. Voilà pour vous mes livres venus des premiers princes du Sang. Ils portèrent ce titre depuis leur début avec Monsieur, frère du Roi Louis XIV. Sous la Restauration, malgré toutes les préventions dont ils faisaient l'objet depuis le fol Philippe Égalité, l'étiquette continuait à leur donner ce rang dans la famille royale comme on peut le voir dans les calendriers de la Cour[52]. D'ailleurs, dès l'émigration, Louis XVIII avait reconstitué avec eux et les Condé le pacte de légitimité où il ne serait venu à personne l'idée d'y introduire un prince espagnol ou italien.

Quand le duc d'Orléans s'empare du trône vacillant en 1830, c'est le grand schisme des monarchistes. Charles X a abdiqué, son fils le duc d'Angoulême aussi mais tous les deux ont reporté leurs droits sur le petit-fils de Charles X, le petit duc de Bordeaux, qu'ils ont emmené en exil. Toute cette affaire est bien connue et a empoisonné la politique française au XIXᵉ siècle. En 1883, le duc de Bordeaux meurt sans descendance. Alors, la majorité des royalistes se rallie au descendant des premiers princes du Sang et ce indépendamment du fait qu'il soit aussi le descendant du Roi Louis Philippe. Et cela me suffit.

Certes, une mode assez nouvelle, appelée humoristiquement la « querelle des blancs d'Eu et des blancs d'Espagne » prétend aujourd'hui faire d'un prince

---

52 À l'exemple du « *Calendrier de la Cour pour l'année 1828 imprimé pour la famille Royale* » dont j'ai un exemplaire en plein maroquin vert aux armes du duc et de la duchesse d'Angoulême, Dauphin et Dauphine de France.

espagnol le légitime dépositaire du trône de France. C'est d'un snobisme romantique totalement incongru et je ne romprai aucune lance sur cette affaire qui est une loufoquerie. Je me bornerai simplement à m'étonner que l'aîné des Bourbon espagnols soit incapable de revendiquer le seul trône auquel il ait droit : celui d'Espagne.

Revenons en arrière, là où ma bibliothèque peut faire écho à l'histoire des Orléans. Cela commence encore par une « Semaine sainte », de 1719. Un plein maroquin rouge aux armes, monogrammes couronnés aux écoinçons et entre les nerfs du dos. Nous avons affaire à Philippe d'Orléans (1674-1723), neveu du Roi Louis XIV et aussi son gendre pour avoir épousé une fille légitimée du souverain et de madame de Montespan. Un personnage considérable qui sera Régent du royaume en 1715, prenant soin de préparer le jeune Louis XV à gouverner. Ses détracteurs sont nombreux. Ils insistent sur la vie de débauche et, en effet, je ne pense pas que le Régent ait ouvert le livre pieux que j'ai dans les mains. Cela n'en reste pas moins un prince éclairé, un homme d'État aux vues modernes et non-conformistes, vertus que nous retrouverons souvent dans sa descendance. Le duc de Saint-Simon nous le décrit avantageusement, ce qui est rare chez cet atrabilaire de génie. Il est vrai que le duc faisait là un pari politique dont il tirait sa fortune publique. Tout cela sera pulvérisé en plein vol par la mort prématurée du Régent, au grand dam de Saint-Simon mais aussi de la France livrée à un Roi de treize ans. J'ai aussi une autre Semaine sainte, un exemplaire aux armes de sa veuve, datant de 1741. Ce fer, avec la cordelière de veuve, est le septième et dernier qu'elle utilisa. La plupart de ses livres étaient reliés par Nicolas II Pasdeloup, relieur attitré des Orléans.

Je repose la « Semaine sainte » et, juste à côté, je prends ce plein maroquin havane élégant qui nous fait passer à la génération suivante, celle de Louis 1er (1703-1752), fils unique des précédents, dont une sœur cadette sera Reine d'Espagne. Il s'agit des « *psaumes traduits en vers par les meilleurs poètes françois* » publié à Paris chez Dessaint et Saillant en 1751. Il s'agit de la seconde partie mais j'avais acquis ce petit in-12 sur la qualité des fers de la reliure et je ne le regrette pas. Je ferai plus loin un chapitre sur « les dépareillés » dont on garde toujours l'espoir vain de trouver un jour le complément.

Après la mort de son épouse Jeanne de Bade en 1726, Louis 1er se console dans une foi grandissante, d'où son surnom de Louis « le pieux ». Il se retire à l'abbaye de Sainte Geneviève en 1742 tout en continuant à s'intéresser aux sciences, aux arts et... à la bibliophilie. Voilà un petit livre dont le prince fit sa lecture. Les coins sont émoussés, la dorure des tranches s'est estompée. Cela ne retire rien à son histoire.

De son bref mariage, Louis 1er aura deux enfants, une fille morte jeune et Louis Philippe 1er (1725-1785), dit « le gros », duc de Chartres avant le décès de son père. Il eut une carrière militaire très honorable et la réputation d'un prince ouvert, débonnaire et généreux pour les nécessiteux. De nouveau, dans ma vitrine « Orléans », je trouve une « Semaine sainte » aux armes élégantes sur un maroquin de qualité. Un filet doré encadre les plats avec une guirlande de fleurs de lis. Le dos est également richement orné avec, entre les plats, les trois fleurs de lis surmontées du lambel des Orléans et de la couronne des princes du Sang. Le duc d'Orléans était comme son père un bibliophile averti. Son fils, Philippe Égalité, amassera aussi une quantité considérable de précieux manuscrits et d'incunables. Les reliures à ses armes sont toujours d'une grande qualité. Son fer est très proche de celui de son père mais je n'ai rien de chez lui à vous présenter.

Passons la Révolution. Elle ne fut pas propice aux reliures armoriées comme vous l'imaginez à juste raison. Le nouveau duc d'Orléans, Louis-Philippe (1773-1850) est premier prince du Sang sous la Restauration comme j'ai déjà eu l'occasion de l'écrire. En exil sous l'Empire, il avait épousé, en 1809, sa cousine Marie-Amélie de Bourbon-Siciles (1782-1866), descendante des Bourbon d'Espagne. Ce couple uni aura six fils et quatre filles dont la nombreuse descendance se retrouve dans toutes les dynasties d'Europe régnantes ou ayant régné.

Louis Philippe devient « Roi des Français » en 1830. Ce sera le dernier Roi de notre histoire. La question du bibliophile est : comment s'opéra la transition dans sa bibliothèque ? Jusqu'aux « Trois Glorieuses » les livres à ses armes portent le blason des Orléans, c'est-à-dire les trois fleurs de lis surmontées d'un lambel à trois pendants. Devenu roi et considéré comme usurpateur par les légitimistes, il ne pouvait prendre les « armes pleines » en faisant « sauter » le lambel. Il contourna l'affaire en passant au monogramme. C'est ce que l'on observe chez tous les Orléans jusqu'à la mort de Chambord, en 1883. Alors et alors seulement l'aîné prend les pleines armes de France quand les cadets conservent le lambel.

Je possède quatre livres venant du château de Neuilly[53]. Il s'agit des quatre premiers volumes des « *Mémoires tirés des papiers d'un homme d'État sur les causes secrètes qui ont déterminé la politique des cabinets dans les guerres depuis 1792 jusqu'en 1815* » publiés par Alphonse de

---

53 Cette propriété avait été acquise par Louis Philippe en 1819 et sera pillée et brûlée lors de la Révolution de 1848.

Beauchamp de 1828 à 1831[54]. Les deux premiers sont entrés dans la bibliothèque de Neuilly avant la Révolution de 1830 et les deux suivants après. Voyons comment évoluent les reliures entre ces deux périodes. Ce sont des demi-veau havane, dos à nerfs ornés. Les volumes I et II portent sur le premier entre-nerf les armes Orléans surmontées de la couronne des princes du Sang alors que sur les deux suivants, au même endroit, les armes sont remplacées par le monogramme LPO que surmonte la couronne royale : amusant non ? Ce monogramme évoluera pour devenir uniquement LP durant la seconde partie du règne comme nous le verrons plus loin.

La duchesse d'Orléans puis Reine des Français avait également une bibliothèque raffinée. On trouve parfois quelques ouvrages qui portent son ex-libris antérieur à 1830 accolant les armes Orléans et Bourbon-Siciles. J'en ai un exemple avec cet « *Épitres et Évangiles* » publié à Paris en 1825 par Urbain Canel, revêtu d'une splendide reliure « à la cathédrale » signée de Thouvenin.

Un autre ouvrage venant de la bibliothèque de la Reine est un plein maroquin à grains longs vert olive, avec des plats richement décorés d'encadrements multiples dorés ou poussés à froids, d'écoinçons de fleurs, les lettres MA surmontées de la couronne royale au centre des plats, filet doré sur les coupes, dentelle intérieure dorée, papier des contre-plats et garde blanc gaufré, toutes tranches dorées. L'ouvrage de J. Vatout, « *Histoire du Palais-Royal* », est relié avec celui de Fontaine, « Le Palais-Royal », le premier imprimé en 1830, le second en 1829, tous deux

---

54 Ces quatre premiers volumes, en édition originale, sont d'après Vicaire « sans contredit les plus intéressants » (p. 297). Ils couvrent la période 1792-1797. Michaud poursuivra l'édition pour aller jusqu'en 1815, réalisée par le comte d'Allonville et Alexandre Schubart sur les papiers laissés par Alphonse de Beauchamp. Le 13e et dernier volume paraîtra en 1838.

antérieurs à la Révolution et reliés après. La qualité de cette reliure me la fait attribuer à l'atelier des Simier. Il faut rappeler que le Palais Royal avait été restitué comme résidence parisienne au duc d'Orléans sous la Restauration. Je ne sais comment cet ouvrage passa à Louis Quarré-Reybourbon (1824-1906), historien, collectionneur et auteur Lillois dont l'étiquette « Collection Quarré-Reybourbon[55] - Lille » orne le premier contre-plat. Ce superbe ouvrage a tout pour me plaire.

Dès son accession au trône, Louis Philippe entreprend la tournée du pays, brisant l'habitude de ses deux prédécesseurs qui restèrent frileusement au Louvre. Il en reste un ouvrage assez rare, « *Relation de la fête du roi, des grandes revues et des deux voyages de Sa Majesté dans l'intérieur du royaume en mai juin et juillet 1831 [Suivie du supplément à la relation des deux premiers voyages du roi en 1831 et complément des discours et réponses contenus dans un ouvrage qui a paru le 12 juillet]* » ([56]). Mon exemplaire contient l'ex-libris d'Henri Tardivi, bibliophile stéphanois (1854-1915) dont parle un article de la revue « La Diana ».

Le dernier ouvrage que j'ai venant de la bibliothèque du Roi est la première édition illustrée de « *Picciola* », le grand roman de Saintine ([57]). Il est revêtu d'un plein veau blond, dos orné, pièce de titre dorée en maroquin bordeaux, filets dorés encadrant les plats, tranches dorées,

---

55 Il fut un grand collectionneur d'Ex-libris, collection vendue à Paris le 4 juin 1908, catalogue publié par la librairie Em. Paul & fils et Guillemin.

56 Paris chez Mme veuve Agasse 1831 [2] f., 559, 36 p., 2 parties en 1 vol. in-8, ½ basane

57 PICCIOLA, par X. B. SAINTINE, P., *MARCHANT*, 1843, in-4, illustré de 125 vignettes gravées sur Bois par PORRET, Graveur de l'Imprimerie Royale d'après les Dessins de L. HUET, JOHANNOT, NANTEUIL etc ..

roulettes aux contre-plats et, bien entendu, on trouve au centre du premier plat les lettres LP surmontées de la couronne royale. La première coiffe a été habilement restaurée, peut-être par le bibliophile E. Bruell. Il a apposé son bel ex-libris sur le premier contre-plat, gravé par Baduc d'après un modèle d'Eisen.

Passons aux enfants du couple royal. Le fils aîné, prince éclairé et promesse d'avenir pour la monarchie de Juillet, mourut avant l'heure dans un accident de calèche en 1842. Quand son épouse décéda, en 1859, un bel ouvrage fut édité à Paris à sa mémoire ([58]). L'exemplaire qui est sur mes rayonnages est dans une belle reliure signée en queue « Potier ». C'est un plein maroquin, filets dorés en double encadrement sur les plats, filet doré sur les coupes, roulette intérieure dorée, dos à nerfs orné à la grotesque entre les nerfs, toutes tranches dorées. Leur second fils, Robert d'Orléans (1840-1910), duc de Chartres, sera aussi un fameux bibliophile. Le grand libraire parisien Pierre Bérès avait consacré son catalogue n° 44 aux « *livres anciens des 17e et XVIIIe siècles provenant principalement de la bibliothèque du duc de Chartres* ». Sur la page de titre sont reproduits les trois fers que Robert d'Orléans faisait pousser en queue sur les livres envoyés à son relieur. Ce sont des combinaisons diverses des lettres RO surmontées de la couronne fleurdelisée des princes de France. Je n'ai qu'un petit ouvrage ayant cette origine, « *Marguerite d'Angoulême – une véritable abbesse de Jouarre* » publié par H. de La Ferrière en 1891, un demi-basane rouge ancien, tranches marbrées, dos à nerfs, avec le chiffre couronné du prince en queue (fer n° 1). Je me souviens l'avoir acquis pour rien au milieu de polars crasseux, me disant que ce fer monogrammé et couronné

---

58 Madame la duchesse d'Orléans, Hélène de Mecklenbourg-Schwerin. *Paris, Michel Lévy frères*, 1859, in-8, 2 ff., 239 pp,

devait être intéressant, autant sans doute que la vie de Marguerite d'Angoulême, sœur de François 1er, inutilement calomniée par Michelet.

Un autre fils de Louis Philippe, Louis, duc de Nemours (1814-1896), fut également bibliophile. J'ai récupéré de sa bibliothèque les œuvres de Charles Liadières, publiées avec son appui. Il n'y aura qu'un seul volume malgré l'annonce « tome premier » ([59]). La reliure est sans doute de Simier, un plein maroquin havane à grains longs, encadrement de filets et fleurons d'angle, dos lisse finement orné, filet pointillé doré sur les coupes, roulette dorée intérieure, toutes tranches dorées. La descendance masculine aînée des Nemours formera la branche impériale du Brésil venue des comtes d'Eu. Les cadets seront ducs d'Alençon, de Vendôme et de Nemours. Le dernier duc de Nemours décéda en 1970. Les collections de cette branche furent vendues à Drouot lors de trois ventes célèbres en mars, avril et mai 1971. Le comte Maurice de La Bourdonnaye-Blossac (1914-1996) réunit les trois catalogues de ces ventes dans un beau demi-maroquin lie-de-vin truffé des résultats et d'articles de journaux. Il apposa son bel ex-libris armorié au premier contre-plat. J'ai placé ce livre avec les différents catalogues de ventes des collections de la famille de France que je conserve.

Passons au petit-fils de Louis de Nemours, fils de la malheureuse Sophie de Bavière, duchesse d'Alençon, brûlée vive dans l'incendie du Bazar de la Charité en 1897. Emmanuel, duc de Vendôme (1872-1931), épousa Henriette de Belgique (1870-1948), sœur du Roi des Belges Albert 1er. Je tiens deux ouvrages venant de la

59 LIADIERES (Charles), œuvres complètes, tome premier, théâtre-poésies, P., 1843, in-8.

bibliothèque de cette dernière. En premier, la biographie du père Ventura par Rastoul, publié à Paris en 1906. La reliure est sommaire mais propre, une demi-toile jaune « à la Bradel » avec pièce de titre rouge. En queue on trouve poussés la date et le chiffre couronné de la princesse, deux H entrecroisés et, sur le premier contre-plat, le bel ex-libris armorié Orléans et Belgique surmonté de la couronne des princes du Sang. Le second livre, deuxième série des « *notices généalogiques* » du baron Woëlmont de Brumagne, publié à Paris en 1924, porte le grand ex-libris armorié de la duchesse de Vendôme sur l'envers de la première garde. Ce volume est à l'origine d'une de mes plus longues traques bibliophiliques. J'avais dégoté ce gros volume au début des années soixante-dix chez un libraire d'heureuse mémoire de la rue de Provence. Je mis plus de trente ans à retrouver les huit tomes manquants pour enfin disposer du meilleur travail généalogique nobiliaire du XXe siècle. Le beau demi-chagrin rouge ancien à coins venant de la bibliothèque de la duchesse de Vendôme servit de modèle à mes relieurs successifs pour créer un ensemble homogène (⁶⁰).

Henriette écrivit en 1925 une biographie sur la jeunesse de la Reine Marie-Amélie dont elle et son mari descendaient. J'ai trouvé un exemplaire de ce livre avec un envoi au vicomte Étienne de Bellaigue. Il ne s'agit hélas pas d'un grand papier mais le vicomte a néanmoins mené l'ouvrage chez son relieur qui l'a habillé somptueusement d'un plein chagrin, dos à nerfs orné de fleurs de lis, filets sur les plats avec fleurs de lis aux angles, armes dorées au centre des plats, filets dorés sur les coupes, roulettes intérieures dorées, tête dorée.

---

60 Enfin pas tout à fait homogène car j'ai laissé la sixième série, la dernière acquise, dans son Bradel ancien de bonne tenue.

François-Ferdinand, prince de Joinville (1818-1900), est assez différent de ses frères, plutôt conservateur et légitimiste. Doué pour le dessin, comme presque tous les Orléans, il a illustré un passionnant ouvrage, « *vieux souvenirs* », publié à Paris en 1894 et dont le premier tirage est devenu rare et recherché.

Enfin, l'avant-dernier fils de Louis Philippe, Henri d'Orléans (1822-1897), duc d'Aumale, célèbre pour la conquête de l'Algérie entre autres choses. Il hérita de la fortune de la branche Bourbon Condé et, par conséquent, du château de Chantilly dans lequel il entreposa de magnifiques choses, dont la plus belle bibliothèque privée de France. À son décès, il légua le tout à l'Institut avec la recommandation de ne toucher à rien dans la disposition de ses fabuleuses collections.

J'ai déjà mentionné une reliure Condé Montmorency du XVIIe siècle. Je peux compléter avec une reliure aux armes de demoiselle, écu en losange, de Louise-Adélaïde de Bourbon-Conti (1696-1750) ([61]). C'est un tome dépareillé des œuvres de madame de Villedieu publié en 1720. Je l'avais néanmoins acquis car, outre les armes de demoiselle sur les plats, on trouve l'ex-libris très recherché de Louise-Adélaïde sur le premier contre-plat. Sacrée bonne femme tout de même ! Elle ne s'est jamais mariée. Disposant d'importants revenus, elle possédait une belle bibliothèque. Elle a acheté en 1731 la propriété de Vauréal dont elle a fait reconstruire le château et aménager les jardins. Elle y a reçu le roi Louis XV en 1737. Lors de son décès, le marquis d'Argenson note dans ses *Mémoires* : « *Mademoiselle de la Roche-sur-Yon est morte, dans la nuit dernière, de la petite vérole. C'étoit une bonne princesse, qui laisse beaucoup de bâtards* ».

---

61 Les Conti sont une branche des Condé.

Elle avait donc un grand cœur et l'on comprend qu'elle ait eu de l'intérêt pour cet ouvrage de madame de Villedieu qui y inventa le genre galant.

Enfin, pour clore sur mes bouquins venant des Condé, je mentionnerai de madame de Genlis, « *Les petits émigrés ou correspondance de quelques enfants* », publié en deux volumes à Paris en 1819. Les plats portent les armes des Condé et au dos en queue est portée la mention « Chantilly ». Je pensais que la bibliothèque du château de Chantilly était complète, tant cette provenance du dernier prince de Condé est rare. Nous avons sans doute là le résultat d'un prêt jamais rendu. Les reliures sont en piteux état, les dos passés, les mors craquelés mais quelle provenance !

J'ai aussi en bonne place un ouvrage en deux tomes de 1867, « *Le comte de Clermont* (⁶²), *sa cour et ses maîtresses* », écrit par Jules Cousin. Son premier propriétaire a apposé un bel ex-libris aux armes Berbisey, alors que cette famille est anciennement éteinte. Il a eu surtout le mérite de porter ces deux volumes chez Lortic fils. Ce dernier les a magnifiquement habillés d'un demi-maroquin à coins, têtes dorées. Ils sont du tirage de quatre cents exemplaires numérotés sur papier de Hollande.

Le duc d'Aumale publia « l'*Histoire des Princes de Condé pendant les XVIe et XVIIe siècles* » en gros volumes in-8. Cela s'étira sur 33 ans, de 1863 à 1896, avec des rééditions successives des premiers volumes. Il est donc assez difficile de constituer une série complète en édition originale et reliure uniforme. J'ai cette chance d'aligner cette somme en sept volumes in-8, demi-chagrin marron,

---

62   Louis de Bourbon-Condé (1709-1771), abbé de Saint-Germain-des-Prés (1737), comte de Clermont-en-Argonne.

dos à nerfs, titre doré, gardes marbrées ([63]). Il y eut ex post un volume de tables qui est très rare et que je n'ai pas. Le duc d'Aumale pensait poursuivre cette œuvre considérable mais il décéda en 1897 en laissant celle-ci en plan. J'ai deux ouvrages complémentaires sur les Condé : « *Histoire des trois derniers princes de la maison de Condé* » publié par Crétineau-Joly en 1867 ; et « Les Condé, grandeur et dégénérescence d'une famille princière » par le docteur Cabanès, publié en 1932-1933. Ce ne sont pas des raretés. Plus rare est la petite plaquette publiée en 1869 par Cuvillier-Fleury sur la duchesse d'Aumale ([64]).

Les collections picturales de Chantilly servirent à F.-A. Gruyer, membre de l'Institut, pour publier en 1909 un bel ouvrage illustré sur beau papier sur « *La jeunesse du Roi Louis Philippe d'après les portraits et les tableaux conservés au musée Condé* ». J'ai trouvé l'un des exemplaires de ce gros in-4 édité par la librairie Hachette en plein maroquin à grain long dont les plats sont encadrés de sept filets dorés avec au centre les armes du duc d'Aumale pour la bibliothèque de Chantilly, dos à 5 nerfs ornés de filets et de couronnes dorés de prince du Sang, titre doré, toutes tranches dorées. C'est avec ce livre que je ferme cette longue parenthèse Aumale-Condé.

Pour faire une synthèse sur les enfants de Louis Philippe, je recommande un petit ouvrage que l'on trouve encore assez fréquemment, « *Les princes d'Orléans, préface par Édouard Hervé* », publié par Charles Yriarte en 1872. Il

---

63 III pp., 580 pp. - 2 ff., 588 pp. - 4 ff., 675 pp. - 4 ff., 675 pp. - 4 ff., 718 pp., 1 f. - 4 ff., 781 pp., 1 f. - 4 ff., 784 pp. - 8 portraits, 8 cartes dépliantes la plupart en couleurs et deux planches en couleurs hors-texte.

64 Marie-Caroline-Auguste de Bourbon, duchesse d'Aumale (1822-1869). Paris Léon Téchener 1870 In-8 de 40- (8) pp., demi-chagrin bleu, dos à nerfs orné, édition originale imprimée sur grand papier. Extrait du Journal des débats du 23 décembre 1869. Portrait en frontispice gravé par Hédouin d'après Meuret. Frontispice avec armoiries.

est joliment illustré de quinze portraits hors-texte dessinés par L. Breton et gravé par Robert.

J'ai encore de nombreux ouvrages de cette famille publiés au XXe siècle dont certains rares tirages, parfois en belles reliures. Cela excéderait le cadre d'un chapitre d'en dresser l'inventaire. Je terminerai celui-ci par une anecdote personnelle. Quand je publiai la quatrième série des « Boutons de livrée de fabrication française », je cherchai un préfacier qui fasse « sens », à l'exemple de ceux qui m'avaient fait l'honneur d'agrémenter les trois premières séries. Je m'adressai à un ami collectionneur dont je savais le carnet d'adresses regorger de la meilleure compagnie. D'emblée il me proposa deux noms, un ancien roi et le duc d'Orléans. Je n'hésitai pas une seconde et retins le duc. Un prince français valait tous les rois de la terre.

Une soirée de dédicace fut organisée par un autre ami dans un bel hôtel particulier de la rue du Bac. À l'heure dite, le prince arriva en taxi depuis l'aéroport. Il débarquait du Maroc où ses affaires le retenaient habituellement. Je découvris un homme attentionné. Il fit ses dédicaces avec moi le plus simplement du monde. Nous parlâmes un peu. Le lendemain il reprenait l'avion. Il avait fait le déplacement rien que pour cette soirée.

Vous comprenez pourquoi même Jaurès parlait du *charme séculaire de la monarchie*.

XXV
Les ex-libris

LES premiers furent manuscrits et il y en eut très peu d'imprimés avant le XVIIᵉ siècle ([65]). À ce moment-là les bibliothèques prirent de l'ampleur et les ex-libris et vignettes de classement firent leur apparition en grand nombre. La plupart des ex-libris anciens imprimés sont armoriés.

Les premières bibliothèques privées furent ouvertes aux amis. C'étaient des lieux de partage. Les ex-libris du commencement rappellent bien cette vocation. Souvenez-vous de la devise de Grolier poussée à l'or sur ses reliures : « *Grolieri et Amicorum* ».

À partir du XIXᵉ siècle, ils eurent leurs collectionneurs et la mode ne s'est pas démentie depuis. Elle a eu de redoutables effets, entre autres celui de décoller les ex-libris des ouvrages qui les portaient alors même que la finalité pour leur titulaire était d'affirmer le passage d'un livre dans leur bibliothèque. Un ex-libris sans son support est un orphelin. Il aide à comprendre les motivations livresques d'un collectionneur. Dépourvu du livre, il nous raconte infiniment moins de choses. Le seul avantage est une collection peu volumineuse. Inutile de stocker des tonnes de livres pour quelques grammes de papier. Quelle horreur !

J'ai déjà mentionné le manuscrit du docteur Bouland qui fonda la « *Société Française de Collectionneurs d'ex-*

---

65 Gaston Saffroy en avait recensé sept pour le XVIᵉ siècle *L'Intermédiaire des chercheurs et curieux* (N° 1479. Vol. LXXVII. Col. 311).

libris et de reliures artistiques ». Un ami a récupéré en pensant à moi une partie des archives du docteur Bouland dans une décharge publique. Collectionneurs : réglez donc vos successions avant que vos trésors ne terminent à la poubelle.

Les archives récupérées se composent en majeure partie de centaines de reproductions d'ex-libris sur du papier pelure ainsi que des « frottis » de reliures armoriées sur même support. Il devient friable et chaque consultation produit un tas de poussière. Je n'ose plus trop y toucher. Une autre partie, tout aussi poussiéreuse est faite de courriers d'échange avec les imprimeurs pour « bons à tirer », toujours sur papier pelure, du bulletin. La dernière part, la plus intéressante, est faite de lettres avec les auteurs d'articles accompagnés de ceux-ci sous forme manuscrite.

La société fut créée en assemblée générale le 30 avril 1893. J'ai le compte rendu original sous les yeux avec les statuts. Les réunions sont mensuelles et le premier bureau est ainsi constitué : Dr Bouland président, Monsieur Henry-André secrétaire, Monsieur J. Regnauld trésorier et deux assesseurs qui sont MM. Léon Quantin ([66]) et Lancelevé. Plus tard, l'éditeur Ed. Engelmann devient vice-président et archiviste et on trouve parmi les membres du comité le relieur Léon Gruel, Henri Houssaye de l'Académie française et Henri Omont, membre de l'Institut et auteur d'une œuvre bibliographique considérable sur les premiers livres et l'imprimerie. Nous restons donc en bonne compagnie.

Quant au docteur Bouland, ce fut aussi un grand bibliophile. Il s'était fabriqué un blason parti au caducée et de sable, surmonté d'un heaume de chevalier dont il fit

---

66   Qui publia en 1907 un ouvrage recherché : « *ex-libris anonymes* »

son ex-libris et le fer pour ses reliures. Il avait fait faire également un papier pour les contre-plats et les gardes où alternaient dans des caissons verts et rouges ses initiales, le caducée du médecin et une fleur de lis.

Les courriers sont passionnants et fourmillent d'anecdotes. Je retiens ceux de Monsieur G. d'Albenay qui était conservateur du musée Fabre de Montpellier. En novembre et décembre 1894, il écrit au docteur Bouland pour lui signaler un ex-libris manuscrit de Rabelais qu'il a retrouvé à la bibliothèque de Montpellier. Il joint le calque qu'il en a fait, mélange de latin et de grec :

Que l'on peut traduire par : *de François Rabelais, médecin très zélé et de ses amis chrétiens.* Je ne sais pas si cet ex-libris du grand Rabelais est connu. Avouez tout l'intérêt bibliophilique de cette communication.

On trouve aussi un ensemble de lettres de Paul de Fleury (1839-1923) durant les années 1894 et 1895. Le papier à en-tête porte un beau F fleurdelisé traversant une couronne comtale. M. de Fleury est archiviste paléographe alors en poste en Charente ([67]). Dans l'une, il joint son ex-libris ainsi que celui de son épouse, née Guiot de La Rochère. Il conclut par un post-scriptum ; « *J'oubliais de vous dire, Monsieur, que j'ai une réduction de mon fer à dorer de*

---

67 Il a publié des études sur l'histoire du livre, l'histoire de l'art, la sigillographie, l'histoire de l'orgue et plusieurs inventaires.

célibataire et de mon ex-libris. Le premier me sert sur mes ouvrages, et le second est destiné aux petits volumes ».

Le docteur Bouland communique au marquis de Villoutreys son ex-libris en couleurs. La réponse de ce dernier est amusante : « *Puisque vous exigez que je vous donne en toute sincérité mon appréciation sur votre dernier ex-libris, je comprends que vous n'en soyez pas bien satisfait, les couleurs n'en sont pas bien agréables... ».*

Autre communication, en 1894, celle de l'historien Paul de Farcy (1841-1918), qui a relevé, sur un de ses livres, l'ex-libris armorié calligraphié de *Petrus Falco*, daté de 1516. Et ainsi de suite, les courriers s'enchaînent. Je note quelques correspondants marquants : la comtesse Disotati-Eynard, de Genève (1895) ; M. de Sarrau, de Bordeaux (1895) ; le comte de Tournon (1895) ; le graveur Levasseur (1897) ; le libraire belge Camille Vyt (1898) ; le comte de Burey (1898) ; H.W. Jincham, vice-président de la « Ex-libris society of England » (1898) ; différents courriers de 1899 adressés de Morlaix par H. de Tonquédec ; en 1900, Achille Taphanel (1847-1927), conservateur de la bibliothèque de Versailles, qui a publié de nombreuses études sur Versailles et Saint-Cyr ; en 1901, le parfumeur Jacques-Charles Wiggishoff (1842-1912) ([68]) ; en 1902, Herluison, le grand éditeur imprimeur orléanais ; en 1903, le duc de Fezensac qui envoie au docteur trois frottis de reliures aux armes puisées dans sa bibliothèque ; en 1904, le comte de Louvencourt et Robert Guerlin, connu pour avoir recensé tous les Amiénois vers 1900 ; en 1905, Albert Dujarric-Descombes (1848-1926), notaire de Périgueux et fondateur de la Société historique et archéologique du Périgord ; en 1907, le comte de

---

68   Il publia en 1909 à Mâcon « *les ex-libris uniques ou rarissimes* ».

Villermont et monseigneur de Cabrières, évêque de Montpellier. Cette année 1907 est particulière, un clan mené par le baron du Roure essaie d'écarter le docteur Bouland et ce dernier reçoit de nombreuses missives de soutien, dont celle de Joseph-Emmanuel van Driesten (1853-1923), peintre historiographe de l'Ordre de la Toison d'or ; de l'historien picard Roger Rodière (1870-1944) ([69]) ; de l'historien et généalogiste Paul de Farcy (1840-1918) ; du comte de Régis et d'autres encore. La crise tourne en faveur du docteur Bouland qui est maintenu à la présidence de la Société. La suite des courriers reprend un tour normal avec communication d'ex-libris et autres frottis de reliures armoriées. Les lettres viennent parfois de l'étranger, Copenhague ou Berne, dont un ensemble de l'année 1913 adressé par le Suisse Léopold Fischer.

J'ai regroupé un ensemble de lettres qui s'échelonnent de 1915 à 1929 d'Eugène Harot (1881-1967). Elles révèlent une profonde amitié entre les deux hommes. Leurs femmes s'échangent également des courriers. Eugène Harot est passionné de blasons et de devises. Il envoie au docteur tout ce qu'il trouve en parcourant les campagnes. Il est nommé Architecte en chef des Monuments historiques en 1925. C'est avec un papier à en-tête de ce titre que sa dernière lettre parvient au docteur Bouland (1929).

Enfin, dernière partie des archives, un ensemble de manuscrits envoyés pour publication, dont :
- Blanche Délius-Andral, *Royer-Collard,* 12 pages, 1896.

---

69 Sa bibliothèque, la « collection Rodière » fut léguée aux Archives départementales du Pas-de-Calais. Elle compte 3 607 numéros d'inventaire, dont 2 687 pour les imprimés et 920 pour les manuscrits, lesquels « *forment un précieux ensemble concernant l'histoire régionale, l'archéologie, la généalogie et l'épigraphie du Pas-de-Calais et principalement de la partie picarde de ce département* ».

- Comte de Burey : *L'ex-libris de Jean Le Normand, évêque d'Évreux et abbé de Saint-Taurin (1710-1733)*, 5 pages, 1897.
- Léopold Mar ([70]), *Quelques notes sur les ex-libris à portraits,* 4 pages, 1900.
- Léopold Mar, *Les ex-libris parlants*, 10 pages, 1900.
- Léopold Mar, *Notules sur Jean-Baptiste Glomy*, 1 page, 1902.
- A. Benoit, *Le fer de reliure de M. de Klinglin*, 3 pages, s.d.
- Léopold Mar, *Notes sur les sept d'Hozier,* 3 pages, s.d.
- Maurice Tourneux ([71]), *Une collection d'ex-libris*, 7 pages, s.d.
- Léopold Mar, *L'ex-libris de Jacques-Louis de Béringhen par Sébastien Leclerc,* 6 pages, s.d.
- G.F. Vierland, *traduction de l'ouvrage « livres de généalogie » paru à Berlin en 1855,* 25 pages, s.d.

Voilà ce que je pouvais vous rapporter pour faire un peu revivre ces hommes passionnés d'ex-libris et de belles reliures dont voici la vignette dessinée par Léopold Mar : un héraut d'armes porte un écu avec la devise inversée des quatre mousquetaires : « *un pour tous, tous pour un* ». En arrière-plan on voit une vue de Paris avec Notre-Dame et… sa flèche.

Quant à moi, j'ai amassé beaucoup de ces petits témoins isolés de leur livre. Je les ai rangés dans des classeurs pour les plus illustres. J'ai classé dans des boîtes le plus grand nombre de ceux qui sont identifiés. Pour les inconnus, de temps à autre, je lance une recherche et parfois, le bibliophile du temps passé sort de l'ombre pour me saluer. J'ai retrouvé des catalogues de ventes du début du

---

70 Léopold Mar (1825-1903) est un graveur et artiste français.
71 Maurice Tourneux (1849-1917), historien de l'art et de la littérature.

XXe siècle, dont quelques-uns reliés par le comte du Tertre avec son ex-libris. Il a marqué dans les marges les prix atteints, notamment les soixante et onze francs, somme considérable à l'époque, pour acquérir l'ex-libris révolutionnaire d'Eleuthérophile Millin (1759-1818) ([72]).

J'ai eu la chance de trouver un ouvrage extrêmement bien fait, « *L'Armorial des bibliophiles du Lyonnais, Forez, Beaujolais et Dombes* », de W. Poidebard, J. Baudrier et L. Galle, en deux gros volumes. L'édition originale fut publiée à Lyon en 1907. Cette édition est très rare car seulement tirée à trois cent vingt exemplaires. Une réédition de luxe fut faite à Lyon en 1998. C'est celle que j'héberge, parée d'une belle reliure de l'éditeur. Elle est encore plus rare que l'originale si j'en juge par l'absence de référence.

On me demande souvent quel est mon ex-libris préféré. Cela n'a guère de sens de répondre à une telle question aimerais-je rétorquer. Pourtant, je sais bien le petit faible que j'ai pour ces vignettes qui représentent le bibliophile au milieu de ses livres. Il y a là une intention d'éternité que j'apprécie. Ainsi celui de Pierre de Séré qui se représente en moine bénédictin placé devant un lutrin, en train de compulser un énorme manuscrit. Il est assis sur une belle cathèdre. Au devant figurent ses armes et, en arrière-plan, une grande baie médiévale s'ouvre sur un paysage de montagne avec ce qui me paraît être le château de Foix. Tout cela est bien lourd vous semble-t-il, mais l'ex-libris est très grand (148*180 mm). Cette pièce impressionnante a été gravée par Eugène Courboin (1851-1922), l'illustrateur talentueux du journal satirique « l'Assiette au Beurre ». Elle orne le contre-plat d'un

---

72 naturaliste et bibliothécaire français, érudit dans plusieurs domaines, notamment l'archéologie et l'histoire de l'art.

demi-maroquin à coins habillant un ouvrage assez rare, « *Les antiquités et singularités de la ville de Pontoise* » paru en 1876 et tiré à seulement trois cents exemplaires. Un autre ex-libris amusant : les remparts d'un château assiégé au bas desquels des soldats grimpent sur des échelles. En haut, un bâtiment médiéval en feu et, dans l'encadrement d'une fenêtre on voit un moine continuer son travail de scribe. Le graveur A. Bessé a fait là une fresque étonnante pour le docteur Jean Gamard qui était maire de Montoire en 1944. L'ex-libris porte la date 1945. Il orne le premier contre-plat d'une plaquette écrire par Jean Giraudoux durant la « drôle de guerre » et intitulée « *Le futur armistice* ». Sacré Jean Giraudoux qui écrit six mois avant la catastrophe : « ... E*t, nous-mêmes, nous n'allons triompher que parce que nous sommes les plus forts* ». L'exemplaire est revêtu d'une modeste demi-toile rouge, il est tiré sur papier Madagascar.

Non, au final, j'aime les ex-libris les plus simples, ceux qui ne cherchent pas à raconter trop de choses compliquées. Mais c'est humain, on veut toujours en rajouter. Mon premier ex-libris fut fait en 1982 par mon regretté ami Francis de Vallée, le second par moi, en couleurs s'il vous plaît (pas ici), reproduit des armes dûment enregistrées, ainsi que ma devise qui est un mauvais jeu de mots. Une tête de lion issante sort d'un bourrelet au-dessus de l'écu. J'y ai accolé à mon nom celui de ma mère qui est quasi éteint. Je l'aime bien cet ex-libris.

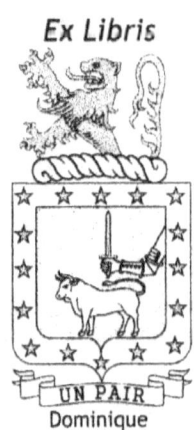

Ex Libris

Dominique
Perrin-Massebiaux

XXVI
Les dépareillés

LES orphelins ont toujours ma compassion. En cela, je n'ai pas suivi la règle que se sont imposée les grands bibliophiles : ne jamais acquérir un ouvrage incomplet de tous ses volumes. Ceux-là doublent la recommandation par : n'achetez que des livres en parfait état. J'en tire la conclusion que je ne suis pas un grand bibliophile.

Dès le début de mes pérégrinations de chineur, quand un vieux bouquin semblait perdu sur un étal, je ne résistais pas à son appel. Puis, je me disais bêtement : peut-être trouverai-je un jour son complément. Mes nombreux orphelins le sont restés et cela ne m'empêche pas de leur accorder toutes mes attentions. Quelques-uns ont visiblement perdu leurs frères dans des catastrophes, guerres, inondations ou incendies. Pourquoi voudriez-vous les détruire ou les snober ? Ce sont les « gueules cassées » de nos bibliothèques et leur histoire, connue ou non, est un bon permis de séjour. N'ajoutons pas aux drames du passé ceux d'un sectarisme prétentieux. Imaginez-vous découvrir un jour une bible de Gutenberg incomplète, la mettrez-vous au feu ? Alors, pensez aux bibliophiles du futur, ils vous seront reconnaissants de votre indulgence. Vous me direz : « ces trucs-là ne prennent pas de valeur ! ». Vous aurez raison mais si vous désirez faire de bons placements, voyez la bourse car votre âme bibliophile n'est pas près de naître. Je sais de grands marchands qui ont fait miroiter de bonnes affaires avec les livres, de bons rendements. Ce n'est pas là de la bibliophilie, c'est même le contraire.

Puis, il y a dépareillé et dépareillé. Certains ouvrages sont néanmoins complets d'un récit, d'une matière. Ils se suffisent à eux-mêmes. Ce sont des dépareillés mais pas des incomplets. Il y a aussi les belles reliures de présentation. Ces dernières peuvent sans déroger orner une étagère. Je regrette davantage d'en avoir laissé passer que l'inverse, je vous l'assure.

Je sors un orphelin de son rayonnage pour illustrer cette chronique. Le sujet est particulier puisqu'il s'agit de « *l'introduction à la vie dévote* » de st François de Sales, tome un (sur deux). La présentation est très belle avec une reliure de Loisellier ([73]) : demi-maroquin à coins, tête dorée. L'édition est recherchée, c'est celle de 1895 faite par F. Ducloz, l'extraordinaire éditeur imprimeur de Moûtiers en Savoie. Elle est en deux couleurs avec d'admirables lettrines. C'est ici un exemplaire très grand de marges sur vélin numéroté à la presse. Cela ne serait pas suffisant pour retenir l'attention si ce premier volume ne contenait pas une bibliographie complète des éditions connues de ce titre par le libraire lyonnais A. Perrin et une étude iconographique exceptionnelle du Saint par John Grand-Carteret ([74]). Le texte de *la vie dévote* occupe les cent cinquante et une dernières pages du tome premier et se poursuit dans un second tome de six cent trente-huit pages, que je n'ai pas. Mais vous voyez bien que ce n'est pas le texte du Saint qui est ici le plus important et que l'on peut trouver partout, mais les deux études qui, elles, sont ici uniques et complètes.

---

73 Il avait fait son apprentissage chez Gruel.

74 Bibliographie (CLXXVI pp. ; demeure la plus précise et la plus étendue pour ce livre) ; Étude iconographique CLX pp. ; décrit, en les situant : 30 peintures, 2 statues, 11 vitraux, une médaille, 82 gravures anciennes, 31 gravures modernes et 30 lithographies.

Autre exemple, plus ennuyeux, « *Les gages touchés, ou recueil d'histoires, fables, romans, féeries, contes, ... »*, titre très rare puisqu'on ne le trouve qu'à la Bibliothèque de l'Arsenal, publié en douze volumes in-12 par Levrault et Schoell de 1804 à 1805 (ils firent faillite en 1806). Mon exemplaire est relié en cinq volumes demi-maroquin dos richement orné mais il me manque le volume des tomes sept et huit. En soi, chaque tome est complet et contient des textes indépendants, mais l'absence ici d'un volume au milieu d'un alignement est tout de même pénalisante. Pour le reste, ce sont des textes plaisants à lire, souvent surannés, parfois croustillants mais jamais graveleux.

Parfois on a une parfaite explication à l'absence de complétude. En 1864, la veuve du libraire-éditeur Renouard lançait l'édition des œuvres complètes de Pierre de Bourdeilles, seigneur de Brantôme. Le commanditaire de cette édition était « la Société de l'Histoire de France » qui continue de nos jours encore la publication d'éditions remarquables. Ce travail considérable allait durer dix-huit ans pendant lesquels seront publiés onze volumes. Je conserve les cinq premiers volumes tous reliés en demi-maroquin à coins de couleur vert d'eau et tête dorée par Petit successeur de Simier. Le bibliophile qui commanda ce beau travail n'est autre que Napoléon Mortier, deuxième duc de Trévise, né en 1804. Le cinquième volume est de 1869, date de la mort du second duc et fin de sa bibliothèque. Cet ensemble est donc parfaitement cohérent.

Un exemple navrant pour « *les œuvres d'Horace en latin et en français »*, avec les critiques de Dacier, garde des livres du Roi. Cette édition de 1709 est la troisième et la meilleure, *revue, corrigée et augmentée considérablement par l'Auteur.* Je n'ai que huit des dix volumes et encore, deux volumes sont très dégradés avec un plat dérelié et les dos gondolés par l'humidité. Seuls trois volumes sont en excellente condition. Qu'a-t-il été s'encombrer de ça pensez-vous. C'est que la provenance est intéressante, avec de très belles armes au centre des plats et pièces d'armes aux dos entre les nerfs, celles de Léon Potier, dit le cardinal de Gesvres (1656-1744). Il ne prend ici que les attributs d'abbé de St Rémi de Reims. On doit donc penser que les reliures sont postérieures à 1729, date de sa démission de l'archevêché de Bourges. Il fut aussi camérier d'Innocent XI, abbé de Bernay (1666), de St-Géraud d'Aurillac (1679). Cette provenance est rarissime. Le drame d'une inondation n'a donc pas épargné cet ensemble.

Et que dire de cette rare édition originale illustrée des « *Crimes célèbres* » d'Alexandre Dumas (1839-1840). Elle devrait avoir huit volumes mais les premier et troisième sont absents. Ceux qui restent sont splendides, en demi-basane rouge, dos richement ornés aux petits fers, titre et tomaison, armes en queue du comte Walsh. J'ai recherché vainement les volumes manquants.

Encore, ce remarquable « *nobiliaire d'Auvergne* » publié par Bouillet à Clermont-Ferrand de 1851 à 1853 en sept tomes dont je n'ai que les quatre, cinq et sept, joliment reliés avec en queue les armes de M. Coche de La Ferté.

Pour la bonne bouche j'ai conservé la mention des six volumes sur les huit parus, du « *Répertoire de la Comédie française* » de Charles Gueulettes, imprimé chaque année pour la librairie des bibliophiles de 1885 à 1892. Il me manque la première et la dernière année. Ces petits volumes in-16 sont sur japon, l'un des vingt exemplaires du papier de tête. Le premier possesseur les a fait habiller en demi-chagrin marron à coins, tête dorée, dos à nerfs entre lesquels est poussé le masque doré de la comédie et, en queue, le monogramme P.L. Je l'ai attribué à Paul Lacombe, l'historien pacifiste qui faisait partie de la société des bibliophiles français. Ce sont de charmants petits livres agrémentés de cuivres représentant les sociétaires de la Comédie française et fourmillant d'informations sur les spectacles et les comédiens.

Pour les ouvrages des campagnes militaires, la mode fut souvent de publier un atlas complémentaire. C'est le cas de « *L'histoire des campagnes de 1814 et 1815* » publiée par le général de Vaudoncourt en 1826. J'héberge les quatre premiers volumes mais l'atlas du cinquième me manque. Je ne sais si V. Ducamp qui apposa sur ces volumes son ex-libris le possédait ou, comme moi, s'il le recherchait.

XXVII
Le rayon des seizièmes

CE n'est pas là le cœur de ma bibliothèque mais je n'ai jamais hésité à en acquérir quand il s'en présentait un à un tarif convenable. Je dois en avoir une vingtaine et tous ne méritent pas de vous être présentés.

Ma première acquisition d'un livre du XVIe siècle remonte à 1971, j'avais dix-huit ans. Le prix me paraissait très bas, je crois me souvenir de cinquante francs, au regard de l'ancienneté. Il est habillé d'une reliure très modeste du début du XIXe siècle, un bradel avec un titre imprimé. Mais c'est une impression de Sienne de 1541 ornée de trois belles lettrines, d'une figure et d'un bel encadrement du titre, « *La vita del beato Giovani Colombini da Siena, fondatore dell'ordine di poveri Giesati* » *(75)*. Brunet écrit que c'est la troisième édition, mais la première et rare imprimée à Sienne. Rien de très extraordinaire je vous le concède mais je fus très fier de mon premier seizième. À l'intérieur, je trouvai aussi la carte de Léonie Courbières qui fut Mezzo-soprano à l'opéra de Paris de 1908 à 1919. Son mari, Georges Grappe, écrivain, sera conservateur du Musée Rodin. Saurai-je un jour si cette carte s'est retrouvée là par hasard ou marque un réel signe de possession ?

Il y a plus de trente ans, je faisais l'acquisition d'une belle bible in-octavo, entièrement réglée et ornée de nombreux bois, un de ces merveilleux livres à figures du XVIe siècle que les bibliophiles aiment bien. Plusieurs bords de pages montrent des brunissures venues de flammes. D'ailleurs, elle a été reliée en deux tomes au milieu du dix-septième

---

75 Ordre des Guesati, des Jésuates en français.

siècle après un siècle d'existence. Je ne pouvais la dater précisément car il manquait la page de titre. Le prix était très raisonnable et j'emportai la Bible.

Je commençai les recherches, aidé en cela par la fiche qu'un ancien possesseur avait collée sur le premier contreplat. Cela venait du catalogue du libraire chez qui elle fut par lui acquise :

> « *Figures sur bois (livre avec)* : *Biblia Sacra cum figuris, circa 1535, 2 vol., in-8 à deux colonnes, lettres rondes, nombreuses figures sur bois à mi-page* ».

Si aujourd'hui quelques « clics » permettent une recherche rapide, ce n'était pas le cas il y a trente ans. J'allai fureter à la bibliothèque Mazarine et je finis par trouver la description exacte de cette Bible, un peu plus tardive que ne le disait la fiche du libraire. Il s'agit de le « *Biblia picturis illustrata* » publiée à Paris par Pierre Regnault en 1540. Les deux cent dix-sept figures ou vignettes sont toutes signées P.R. ou J.F. pour l'ancien Testament et non signées pour les Évangiles. Les premières initiales désignent Pierre Regnault non comme graveur mais comme propriétaire de ces figures qui sont gravées par Jacques Le Fèvre directement sur les dessins de Holbein. Celles qui sont signées J.F. sont aussi gravées par Le Fèvre mais à mon avis désignent Jehan Frellon, éditeur imprimeur lyonnais chez qui Le Fèvre avait travaillé en 1538. Les figures des évangiles ne sont pas signées et sont ici en tirage original. Elles seront toutes réutilisées par Regnault dans sa belle bible en français imprimée en 1543. Je ne suis pas mécontent d'héberger ce bel ouvrage si bien illustré.

À peu près à la même époque, je dégotai aux puces de Saint-Ouen un petit Salluste, une conjuration de Catilina en latin et, là encore, sans page de titre. Une belle reliure en vélin ancien mais aucune marque de libraire ou d'imprimeur. Un ancien possesseur avait marqué au haut de la première garde : « Alde, 1521 (?) ». Que de recherches pour trouver qu'il s'agissait d'une contrefaçon de cette édition Aldine de 1521 faite à Venise par Grégorio de Gregorri à la même époque. Le plus amusant est que la copie est plus rare que l'originale.

C'est dans une brocante orléanaise que je trouvai, au début de l'année 1996, un volume en vélin ancien contenant deux livres de sermons de Jean Clérée. Deux belles impressions gothiques et latines publiées en 1529 et 1530 chez Enguilbert de Marnef et Nicolas Savetier avec leurs belles marques de libraire en rouge et noir. Guy Bechtel me confirma la rareté de ces éditions qui n'étaient pas passées en vente depuis plus de vingt ans et pas davantage depuis. L'auteur, frère prêcheur et professeur de théologie à Paris semble avoir été au mieux de sa réputation lors de ces publications. Ensuite, on a oublié et sa personne et ses sermons.

De la même façon que j'avais voulu avoir dans ma bibliothèque un incunable, je me disais qu'il faudrait bien un jour aussi y adjoindre un gothique français. Guy Bechtel, dont j'ai déjà signalé le catalogue faisant le tour de la question, rappelle la définition d'un gothique français : *les livres imprimés en lettres gothiques **ET** en français.* Son catalogue, véritable dictionnaire, recense plus de six mille éditions satisfaisant les deux critères. Du coup, je vous entends dire qu'il ne s'agit pas de raretés. Détrompez-vous, ce sont des éditions non seulement rares mais en plus très recherchées. Les catalogues des grands libraires en affichent couramment mais je vous garantis que ces pièces sont inabordables.

Au XIXe siècle, quand les sociétés de bibliophilie remirent au goût du jour ces rares éditions anciennes, des rééditions à l'identique furent faites, notamment par Bailleux, sous le nom de « Bibliothèque Gothique », qui publia de 1868 à 1874 dix-huit plaquettes de mystères, poésies et chansons des 15e et XVIe siècles. Ces « faux » gothiques tirés à deux cent douze exemplaires sont aujourd'hui d'une grande rareté.

Là encore, j'emprunte à Guy Bechtel les raisons de la perte progressive de cet alphabet. Majoritaires au début du XVIe siècle, les impressions des textes français en gothique disparaissent peu après la mort de François 1er. Le phénomène s'inscrit dans l'évolution des arts venue d'Italie. C'est la Renaissance et l'éternelle querelle des anciens et des modernes. La lettre ronde finit par l'emporter, c'est celle des lettrés, des philosophes et des humanistes. La lettre gothique était devenue celle des textes mineurs, des « Farces », des chansons paillardes. En devenant ronde, la langue se poliçait, passant de Villon et Rabelais à Montaigne. Louis-Ferdinand Céline, prêchant pour sa paroisse, disait : « *Ils ont fait d'un français gras une langue maigre* ». Il n'y eut pourtant rien de « goth » dans ces lettres toutes Françaises mais la langue et la graphie de tous les jours, de la rue pourrait-on dire. La ronde italienne a gagné, signe d'une purification esthétique qui a appauvri notre vieux pays, une fois de plus. Ainsi, vous comprenez bien cette traque des éditions gothiques en français. Ce sont celles du temps d'avant, du temps où l'on savait encore brailler en écrivant.

J'ai fini par le trouver mon gothique français. Un bouquin si rare qu'il avait échappé à la recension bechtelienne, c'est vous dire. Il a une excuse, cet ouvrage : « *Decreta sinodalia. Cum baculo curatorum* », édité à Paris par Rémy de Gourmont en 1515, est l'œuvre de Jean Randin ([76]) . Le titre latin est trompeur comme les descriptions anciennes, dont celles de Renouard, de Bure et même la notice de la BNF qui oublient de mentionner une partie du texte en français. Il faut ouvrir ces « statuts synodaux » et « bâton du curé » et laisser de côté les pages latines pour découvrir notre français gothique. Dès l'envers du feuillet b1 on trouve deux pages en gothique français, un extrait des registres du parlement qui rappelle que seul Jean Randin peut publier ces deux titres. Ensuite, il faut traquer le français. Il apparaît de-ci de-là au milieu du latin (feuillets e2, i3-4) et est donc très minoritaire pour les « statuts synodaux », ce qui ne mériterait en effet pas un signalement. Il en est tout autrement pour le « *Baculi curatorum* », autrement dit de façon très directe *« le bâton du curé »*. Dès le second feuillet, les articles de la foi sont en français et les explications en latin. Idem pour les vertus puis, subitement, à partir du recto du feuillet k1 et jusqu'à la fin, Randin n'écrit plus qu'en français, détail qui avait échappé à tout le monde. Avec des annecdotes personnelles et étonnantes, comme le vol du manteau du curé de Croissy (ou Roissy, les deux orthographes sont employées) durant l'office, ce qui vaut l'excommunication aux auteurs du forfait, mais aussi les bans de mariage de Michel Randin, frère de l'auteur, avec Jehanne de Saint-Just qui paraissent hors de propos. C'est un livre assez rare, On le trouve dans huit bibliothèques publiques

---

76 Fiche du catalogue général de la BNF sur Jean Randin : Prêtre. Licencié en droit canon. Confesseur et chapelain du chancelier Jean de Ganay (1450?-1512). Le 20 déc. 1512, il est qualifié de libraire dans un privilège qui lui est accordé, ainsi qu'à Jacques Guillotoys, pour deux ans. Promoteur et avocat des causes d'office de l'évêque de Paris (1514). En 1514-1515, il fait imprimer plusieurs textes officiels de l'Église, dont les statuts synodaux de l'évêque de Paris, Étienne Ponchier, en 1515.

françaises (parfois fragmentaire, incomplet des deux derniers feuillets à la BNF).

Mon exemplaire provient de la bibliothèque « Marie C. » (Marie Chèvre) vendue par Maîtres Binoche et Giquello à Drouot le 22 mai 2012. Il n'était pas apparu en vente depuis le XIX\ :sup siècle (⁷⁷). Les exemplaires signalés en 1819 et 1824 peuvent être le même et celui dont je vous parle sans doute l'un des derniers en mains privées. Il a été habillé sous Louis XVI d'un maroquin olive avec triple filet doré sur les plats, dos orné, roulette dorée sur les coupes et à l'intérieur des plats, toutes tranches dorées.

À la suite de ma trouvaille Guy Bechtel a introduit une nouvelle notice dans « *les corrections et ajouts à apporter au Catalogue des gothiques français pour une 3ᵉ édition à venir* ». Désormais une entrée « Randin » fera son apparition entre « Ragot (capitaine) » et « Raphaël (J.) », sous la référence R-36/2.

Mais avant d'abandonner mes seizièmes sur cette anecdote je ne peux omettre le « vrai » gothique de ma bibliothèque. Je l'ai dégoté à l'été 2020. Il rejoint avec sens le premier

---

77 L'ouvrage est décrit par de Bure dans son « catalogue de livres imprimés sur vélin » (Paris, 1824, n° 473) comme tel : *les 7 premiers feuillets renferment le titre au bas duquel on lit deux pièces de vers en l'honneur de Randin, diverses pièces, le privilège pour 3 ans daté du 22 mai 1515. Le volume est composé de 146 ff, dont les 50 derniers (fᵒi-xliiii et nc) renferment le baculo curatorum.* De Bure précise qu'un exemplaire a été vu le 6 décembre 1817. On en trouve également un à la vente de feu A.M.H. Boulard en 1828. Le catalogue de la bibliothèque du Roi (1739), le décrivait (n° 1535). Dans son inventaire chronologique des éditions parisiennes au XVIᵉ siècle, B. Moreau décrit assez imparfaitement l'exemplaire et dissocie l'impression des deux parties, attribuant le « decreta sinodalia » à Jean de Gourmont et le « baculo curatorum » à Jean Salmon, dit Macrin. Le matériel typographique emprunte assurément à Jean 1ᵉʳ de Gourmont (lettrine aux armes de Gourmont dans le folio yiii) mais se retrouve à l'identique dans les deux parties. Les deux textes sont parus ensemble et les privilèges, d'abord de Louis II (1514), puis de François 1er (1515) sont également imprimés l'un à la suite de l'autre, en français comme en latin.

rayon consacré à la famille royale. Connaissez-vous la chronique des rondeaux ? Bien sûr que non, de même que je n'en savais rien il y a encore peu.

Là encore, il faut aller dans le phénoménal « Catalogue des gothiques français » de mon ami Guy Bechtel pour apprendre que cette *chronique universelle commence par la création du monde et va jusqu'au XVIᵉ siècle... Elle comporte nombre de « rondeaulx », c'est-à-dire de petits cercles ou médaillons dans lesquels sont inscrits des noms pour figurer des lignées dynastiques ou des arbres généalogiques.*

Le nom commun de cette œuvre est « Cronica Cronicarum », la chronique des chroniques, sorte de « Graal » des bibliophiles. Elle est divisée en trois parties qui comportent chacune un titre en propre, ce qui paraît démontrer qu'elles pouvaient s'acquérir de façon indépendante.

Les deux premières parties furent publiées pour la première fois à Paris par François Regnault en 1521 et concernent l'histoire du monde avant le Christ puis de la mort de celui-ci jusqu'en 1521 avec, notamment, la succession des Papes. Devant le succès du genre, François Regnault s'associe en 1532 avec le libraire Jacques Bonhomme pour une nouvelle édition qui comprendra non plus deux mais trois parties, la dernière s'intitulant « La descente et ligne des roys françoys... ». Évidemment le légendaire l'emporte allègrement sur la vérité historique dans les premières étapes de cette 3ᵉ chronique dont les 22 feuillets sont illustrés de merveilleux bois figurant les rois et les blasons des différentes branches de la famille royale et des principales villes du royaume.

L'exemplaire Bechtel était complet des trois parties. Il fut vendu à Drouot le 6 mars 2015 pour la somme de 1 875 € T.T.C. On le trouve aujourd'hui sur le site d'un libraire américain au prix de 7 500 $. Il y a eu une contrefaçon très rare de l'édition originale des deux premières parties. Elle faisait également partie de la bibliothèque Bechtel et fut vendue 3 500 € avec les frais. On la trouve aujourd'hui chez un libraire français au prix de 25 000 €.

J'ai acquis plus modestement la troisième partie de la « chronique des rondeaux » dans son édition originale de 1532 munie d'une belle reliure du XIXᵉ siècle en plein vélin signé Gruel, toutes tranches dorées. Il y a bien d'anciennes mouillures à l'intérieur mais aucun manque et une remarquable fraîcheur des bois. C'est une pièce rare. J'ai pensé que c'était l'exemplaire de la bibliothèque de Ch.-Louis Fière, bibliophile dauphinois, vendue en 1937 (2ᵉ vente), la seule décrite par Bechtel revêtue de Vélin. Après vérification, ce n'est pas le cas, l'exemplaire Fière comportait les trois parties. Je viens d'apposer mon ex-libris en haut de la première garde. Je ne résiste pas à vous monter ce joli bois original du baptême de Clovis qui orne le 7ᵉ feuillet signé BBBiii. Je suis heureux chers amis bibliophiles de partager cet instant avec vous avant de refermer avec précaution la vitrine des seizièmes.

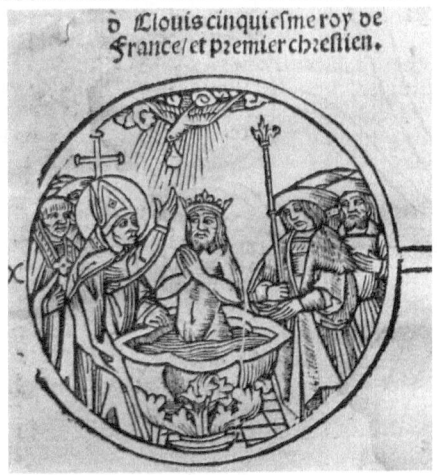

Enfin, je ne vais pas la refermer sans parler de ces petits tirages du dix-neuvième siècle que firent quelques associations de bibliophiles avec des éditeurs de talent. Ils recensèrent les éditions introuvables du seizième siècle et les rééditèrent à petit nombre sur différents papiers de luxe. Certaines de ces rééditions sont devenues depuis aussi rares que celles du seizième. Parmi tous les titres possibles, je n'en retiendrai qu'une ici. Elle me tient à cœur car je suis apparenté avec son auteur.

Cela concerne les « Foresteries » de Jehan Vauquelin de La Fresnaie. Elles furent éditées en 1555 chez de Marnefz, alors installé à Poitiers. Ce sont les œuvres de jeunesse de Vauquelin. Elles n'atteignent pas la qualité des diverses poésies qu'il rassembla dans une autre rare édition en 1606. Mais ici beaucoup de fraîcheur et de liberté :

Fillettes des forêts, pucelettes Driades
Nymphes des monts herbus, et vous douces naïades,
Qui me venez baiser quand auprès d'un ruisseau
Je m'endors quelquefois au gazouillis de l'eau

Julien Tavers les réédita à Caen en 1869 à 160 exemplaires sur quatre papiers différents. J'ai eu l'infinie chance de trouver l'un des 50 exemplaires en format in-octavo jésus (n° 42). Je n'aurais peut-être pas eu l'audace de vous le présenter ici sans cette remarquable reliure demi-maroquin à coins que fit faire son premier possesseur, le comte René de Poilloue de Saint-Périer, lequel prit soin de faire pousser en queue son monogramme couronné et mettre au centre du premier plat un bel ex-libris aux armes. Je possède aussi les deux gros volumes des poésies également rééditées à Caen sous le Second Empire par Tavers en tirage également limité. Mais ils sont restés brochés.

XXVIII
Heraldica

ALLONS voir ensemble quelques blasons. La science héraldique est sans doute ma plus vieille passion. Très jeune, j'allais à la recherche des blasons de famille mais aussi depuis toujours j'étais interrogatif devant ces représentations de pierres, de vitraux, de sceaux dont le langage m'a rapidement attiré.

J'ai abordé dans « *À pas perdus* » l'arrivée dans ma bibliothèque de mes premiers livres traitant de l'héraldique. Je recopie ici cette séquence sans rien y modifier : « *j'aimais consulter les casiers des bouquinistes et ceux des libraires. C'est chez l'un d'eux, rue de Provence, dans une échoppe de digne mémoire, hélas disparue, que je découvris deux petits ouvrages qui m'ouvrirent l'accès à l'univers de cette science un peu sulfureuse. Ils sont encore en bonne place dans ma bibliothèque et je les consulte assez souvent. L'un habillé d'un demi-chagrin bleu nuit, dos à nerfs ornés et tête dorée, l'extraordinaire « Traité complet de la science du blason » publié par M. Jouffroy d'Eschavannes en 1885 sur un beau papier vergé d'Arches. Le premier possesseur, inconnu, prit le soin de colorier finement toutes les figures. Ce petit livre est un régal d'élégance. Il fut par ailleurs d'une pédagogie efficace pour le néophyte que j'étais. Le second, un peu plus ancien, en demi-basane glacé havane, dos à nerfs, pièce de titre et tête dorées, est le « manuel héraldique » de M. de Toulgoët publié en 1859. Il fait davantage de place à l'aspect nobiliaire et traite également des ordres de chevalerie. Vraiment, j'aurais pu tomber bien plus mal pour commencer mon apprentissage* ».

Par atavisme maternel, mes plus longues recherches se tournèrent vers le Languedoc. Je mis beaucoup de temps à trouver le premier armorial que je cherchais, celui de Jacques Beaudau publié à Montpellier en 1686 ([78]). J'y retrouvai le blason des Caylus, hybride de l'ancienne représentation (écartelé) et de la moderne (lion entouré d'étoiles en surtout). Saffroy dit que c'est un ouvrage rare. Le premier possesseur apposa son ex-libris manuscrit au bas du dernier feuillet : « *Le presant livre est au sieur Pierre Gardel, marchand de Toulouse, député aux états de la province de Languedoc comme estant premier consul de la ville de Montreal en l'année 1686* ». Ce Pierre Gardel fut anobli en 1691.

Dans le genre encore plus rare, j'ai trouvé il y a quelques années un ouvrage dont la reliure est ruinée et le contenu assez sale mais passionnant, un ouvrage écrit par Jacques Béjard, de la troupe de Molière alors réfugiée sur les terres du prince de Conti à Pézenas, un grand in-folio intitulé : « *Recueil des tiltres, qualités, blazons et armes des seigneurs barons des Estats Generaux de la province de Languedoc, tenus par son altesse sérénissime Monseigneur le prince de Conty, en la ville de Montpellier l'année 1654, dédié à Son Altesse Sérénissime* » ; suivi de : « *Harangues prononcées par les commissaires du Roy aux Estats généraux du Languedoc ; tenus a Montpellier, l'année mil six cent cinquante-quatre* » ; suivi de : « *Tiltres, qualitez et armes des prélats des Estats generaux de la province de Languedoc : suivant le rang de leur sacre et selon qu'ils sont placez dans le tableau de leurs escus, posé en la maison de la ville de Montpelier, aux*

---

78 Armorial des Estats du Languedoc, enrichi des élémens de l'Art du Blason par Jacques Beaudeau. *Montpellier, Daniel Pech, 1686.* In-4°, relié demi-basane noire, dos lisse orné (reliure 19e sous emboîtage), 1f. blanc, frontispice, 1f. descriptif du frontispice, titre, 2ff. de privilège, 1f. avis au lecteur, 110 descriptions de blasons en un ou plusieurs feuillets, suivi de "*Elémens de l'Art du Blason*" (42 feuillets non paginés).

Estats de l'année 1654 ». Les couleurs de l'aquarelle sont restées fraîches et il n'est pas désagréable de consulter cet exemplaire pour les belles armoiries peintes ([79]).

Et puis, dernier item pour la province méridionale, le bel « *Armorial des États du Languedoc* » de Gastelier de La Tour, paru à Paris en 1767. On le trouve encore mais il est toujours très prisé pour la qualité des gravures de Nicolas Chalmandier. Le blason des Caylus est sous sa forme définitive, « d'or au lion de gueules accompagné de seize étoiles de même rangées en orle ».

Au niveau national, le XVIIe siècle nous donna des œuvres majeures telles, en 1644, « *La science héroïque* » de Vulson de La Colombières, que je n'ai pas, hélas, la « *La vraye et parfaicte science des armoiries* » en 1660 par Pierre Palliot, dont l'éditeur Rouveyre fit une réimpression fac-similé sur beau papier en 1895, dont j'ai les deux

---

79 Cet ouvrage excessivement rare est mal décrit par Guigard et Saffroy (II-26483). Il est bien en trois parties in f° (mais signées in-4 de façon confuse et incomplète. La description de notre exemplaire, complet, en 83 feuillets (Saffroy écrit aussi 83 ff.), est la suivante :
- Page de titre (1f), dédicace (2 f), avant-propos (1 f), privilège et table des seigneurs barons (2 f), planche de *hacheures* (1 f), planches des armes du Roi, du duc d'Orléans, du prince de Conti, du Languedoc, du comte de Bioule (5 f., la planche du Roi est signée M.F.), titre et planches des 29 barons des États (30 f), Imprimeur (1f, « a Lyon de l'imprimerie de Scipion Jasserme, MDCLV, achevé d'imprimer le dernier du mois de juillet 1655 »), Harangues (9 f+1 fb), Titre troisième partie (1 f, Prélats), table des vicaires généraux (1 f), dédicace (1 f), titre et dédicace (2 f), privilège et table des prélats (2 f), planches des prélats (23 f). FIN à la dernière ligne du dernier recto. Toutes les armoiries ainsi que les bandes sont anciennement coloriées à l'aquarelle. L'ensemble des bords a été souillé d'humidité mais reste bien solidaire et les planches sont restées fraîches. La reliure est sans dos et manque en grande partie sur les plats. Saffroy décrit l'ouvrage comme étant de la plus grande rareté. Ex-libris manuscrit « Louise de Vesins » sur la page du premier titre. Jacques Béjard ou Béjart faisait partie de la troupe de Molière protégée du prince de Conti. Il était frère de Madeleine et oncle d'Armande Béjart. PL Jacob (Paul Lacroix) écrit au (XIXe siècle) que pour cet ouvrage il était le prête-nom de son ami et camarade Jean-Baptiste Tristan-L'hermite de Soliers, sieur de Vozelle. Il écrit encore que la 4e partie « de cet ouvrage rare » ne vit pas le jour. Les exemplaires décrits par le catalogue général de la BNF sont incomplets ou semblent appartenir à l'édition postérieure de 1657.

grands volumes in-folio dans de très belles reliures en rouge ancien ([80]).

Je suis assez content d'avoir trouvé « L'*estat et comportement des armes. Contenant l'institution des armoiries et méthode de dresser des généalogies… différences entre les gentils-hommes de race ou d'anoblissement : l'origine des couronnes…* » publié en 1630 par Jean Scohier, illustré de nombreux blasons gravés sur bois et d'une très belle vignette sur la page de titre aux grandes armes de Louis XIII. Ce petit traité du blason est très recherché.

Dans les grands classiques, je ne peux omettre « *La méthode du blason* » du père Ménestrier dont la première édition est de 1688, puis sous le titre « *La nouvelle méthode du blaso*n », véritable *best-seller,* qui fut rééditée de nombreuses fois jusqu'en 1780. L'édition originale est souvent d'un prix élevé mais pour celles du XVIIIᵉ siècle, il est aisé de s'en procurer à un tarif abordable. Celui que je possède est de 1759.

Je me dois aussi de signaler « *L'Armorial des principales maisons et familles du Royaume* » publié par Dubuisson en deux volumes en 1757. C'est un excellent armorial, très recherché. En 1977, les éditions « de Bonnot » l'ont republié à l'identique en un volume. Cela se trouve couramment à un prix très abordable et il ne faut pas s'en priver.

En 1774, Gastelier de La Tour publiait son « *Dictionnaire héraldique* » qui eut suffisamment de succès pour être réédité trois années plus tard. C'est un bon ouvrage de

---

80   Rouveyre vendit sur souscription les exemplaires sur papier vergé 120 francs. Les exemplaires sur Japon (50) et sur Chine (50) 300 francs, sommes considérables pour l'époque.

référence. En 1789, date ultime pour traiter un tel sujet sous l'ancien régime, la grande encyclopédie publiait son recueil de planches consacré au « *blason ou héraldique* », entièrement gravé de trente-trois doubles planches. Il est assez recherché et n'est pas si facile à trouver complet de toutes ses planches.

Au XIXe siècle, les publications du thème héraldique furent très nombreuses. Je ne vais pas vous infliger mon catalogue, mais seulement les titres qui valent par leur contenu et leur qualité, dont la célèbre revue « *Le héraut d'armes* » du comte Alfred de Bizemont, regroupée en deux volumes parus en 1873 et 1877. Le second volume est annoncé comme « très rare » par Saffroy. Dans les incontournables, j'ai déjà évoqué « *L'Armorial du bibliophile* » de Joannis Guigard, paru en 1870-1873, que l'on peut compléter par la « *Bibliothèque héraldique* » du même auteur, paru en 1861. Ce dernier ouvrage est avantageusement remplacé au XXe siècle par le « Saffroy » que j'ai également déjà décrit.

En élargissant le domaine à l'Europe, il faut mentionner l'incontournable J.-B. Riestap qui publia en 1884 l'édition la plus complète de son « *Armorial général* » en deux épais volumes, souvent réédités. Cet ouvrage contient environ 110 000 blasonnements d'armoiries européennes, avec l'origine géographique de la famille et, parfois, la date d'anoblissement, le cimier, la devise, les supports ou tenants, etc.... C'est l'ouvrage le plus complet du genre mais il lui faut deux compléments totalement indispensables. En premier les « *Illustrations de l'armorial général de J.-B. Riestap* » publiées en six grands volumes par H.V. Rolland de 1903 à 1926 ([81]). Elle

---

81 H. et V. Rolland ont également publié des suppléments à l'Armorial général de Riestap. Cette suite, commencée en 1904 et achevée en 1954, complète en 9 volumes est fort rare et recherchée, tirée à seulement 300

est introuvable mais heureusement réimprimée à Londres en 1967 en trois volumes in-folio, réédition devenue à son tour assez rare. Mais rechercher un blason dans ces immenses volumes n'est pas aisé. Le baron Théodore de Renesse a dû passer un temps considérable à constituer son « *Dictionnaire des figures héraldiques* » publié à Bruxelles en sept volumes de 1894 à 1903. Cette édition est difficile à trouver. Elle a fort heureusement été republiée en un seul épais volume de plus de mille pages par Jean van Helmont à Liège en 1992.

Toujours au XIXe siècle, nombre de plaquettes et d'ouvrages furent tirés à peu d'exemplaires, le plus souvent sur beau papier. Je ne citerai que cette édition de Vallet de Viriville en 1866, « *Armorial de France, Angleterre, Écosse, Allemagne, Italie et autres puissances, composé vers 1450 par Gilles Le Bouvier, dit Berry, premier roi d'armes de Charles VII, roi de France. Texte complet publié la première fois d'après le manuscrit original, précédé d'une notice sur la vie et les ouvrages de l'auteur, et accompagné de figures héraldiques dessinées d'après les originaux* ». Cette exception tient à sa rareté mais aussi au premier possesseur, bibliophile réputé, Antoine de Noailles (1841-1909), duc de Mouchy, prince de Poix, qui demanda sa parure au grand relieur Jean-Philippe Belz, né en 1831, successeur de Niédrée. Il choisit un beau chagrin havane, dos à nerfs, entre lesquels il pousse le monogramme doré couronné du prince, tandis que les tranches sont d'un beau marbré glacé. Évidemment le premier contre-plat s'orne de l'ex-libris armorié de la « Bibliothèque de Mouchy » et l'on apprend à l'occasion que le livre fut placé sur la tablette n° 6 de l'armoire n° 22. Le voisinage est moins opulent dans ma bibliothèque mais il y côtoie tout de même de bons compagnons.

---

exemplaires [Saffroy, I-3060].

Depuis le début du XXe siècle, c'est la profusion, rarement de qualité bibliophilique. Je me bornerai donc à citer seulement trois ouvrages. Si vous vous intéressez à la science héraldique, ce sont des valeurs sûres, tout y est. En premier, le mètre étalon national, « *Le système héraldique français* », publié par Rémi Mathieu en 1946. Cet ouvrage fondamental n'a qu'un seul défaut, il n'y eut pas de tirage de tête sur grand papier et le tirage courant le fut sur un papier de mauvaise qualité que l'on doit à l'époque d'après-guerre où les restrictions perduraient. Au moins, pour mon exemplaire, cela est compensé par un bel envoi : *Au comte Thomas de Rocmont en toute sympathie, avec mes remerciements pour l'intérêt qu'il porte à la science héraldique. R. Mathieu* ». Le comte fit revêtir le livre d'un beau demi-chagrin noir et fit pousser le fer à ses armes en queue.

Après Mathieu, impossible de ne pas citer Michel Pastoureau et son « *Traité d'héraldique* » paru chez Picard en 1979. L'édition originale est très recherchée et c'est tout à fait mérité.

Enfin, noblesse oblige, comment ne pas citer le monumental « *Armorial de l'ANF* ([82]) » par Jean de Vaulchier, Jacques-Amable de Saulieu et Jean de Bodinat, avec une longue et utile présentation sur « *Héraldique et noblesse* » par Hervé Pinoteau, paru en 2004. Le tirage fut de deux mille cinq cents exemplaires numérotés sur beau papier. Les trois cents premiers furent reliés en pleine peau et les suivants en toile bleue sous jaquette, dont le mien.

---

82 Association d'entraide de la Noblesse Française.

XXIX
Reliures aux Armes

ENCORE ! Oui, je le concède, c'est mon grand faible. Une reliure aux armes c'est un ex-libris qu'on ne peut pas détacher. Quoique, aux époques d'envolée égalitaire on ne pût empêcher quelques imbéciles d'aller gratter les blasons sur les monuments, les tombes et même les plats des reliures. Ils n'en furent pas plus riches pour autant mais nous en sommes tous appauvris.

C'est promis, je ne décrirai pas les reliures déjà entrevues précédemment et je limiterai ces présentations à quelques raretés dont je suis le seul et arbitraire juge. Il faut dire que j'ai accumulé près de deux cent cinquante de ces reliures de présentation et qu'elles ornent joliment mes rayonnages. Je dois donc me brider pour ne pas vous emmener explorer toutes ces sentes dorées.

En premier, j'en retiens une qui n'est pas très belle avec des manques au dos et des coiffes rognées. Mais le fer est amusant, bien doré, attribué à une famille Andreanski dont je ne sais rien. Je vous le mentionne parce que ce petit in-12 de 136 pages est le premier ouvrage du cardinal de Retz, qui l'écrivit à l'âge de 18 ans et le fit paraître anonymement. Il s'agit ici de la réédition parue la même année (1665) que l'originale et imprimée avec des caractères Elzévirs (Tchemerzine V, 393b et Brunet IV, 1 252). Selon Tchemerzine *"C'est l'un des volumes les plus rares de la collection elzévirienne"*. Avouez que le détour n'était pas inintéressant.

Une belle reliure du grand bibliophile que fut Louis-Marie-Augustin, duc d'Aumont (1709-1782). Personnage considérable, il était pair de France, premier gentilhomme de la Chambre du Roi, lieutenant-général des armées du Roi, chevalier de ses ordres, gouverneur de Boulogne et du pays Boulonnais, gouverneur et grand bailli de la ville de Chauny et seigneurs de multiples places. Très fortuné, il sera l'un des plus grands collectionneurs d'art français du XVIIIe siècle, mécène et protecteur de grands artistes. Sa bibliothèque fut vendue au début de l'année 1783. Le catalogue établi par de Bure fait quatre cent trente et une pages et nous informe que la *« condition de tous les livres est en général très belle et presque tous ceux reliés en maroquin et en veau marbré doré sur tranche, le sont par M. Pasdeloup, très célèbre relieur »*. C'est un de ces exemplaires en veau marbré glacé et tranches dorées que j'ai en main. Il s'agit de la rarissime édition originale des *« écosseuses ou les œufs de Pâques »* du comte de Caylus, écrit avec Vadé et la comtesse de Verrue. La BNF ne possède pas ce tirage in-12 en 101 pp. + le feuillet d'errata (1 seul exemplaire à la Bibliothèque de l'Arsenal), qui est le premier et le plus court de ceux qui portent la mention apocryphe : « A Troyes chez la Vve Oudot, 1739 ». Les mors sont fendus mais l'ensemble reste très beau avec les grandes armes du duc d'Aumont au centre des plats. Ce beau petit livre porte l'ex-libris en cuir rouge de « Roger Budin, Genève » qui était aussi un grand collectionneur d'art primitif. Sa collection fut vendue à Drouot-Montaigne en 1991. Mon épouse me fit le grand plaisir de m'offrir ce livre pour l'anniversaire de mon demi-siècle et mon ex-libris, petit format, est venu se placer sous celui du Genevois.

Ce très beau plein maroquin vert aurait mérité la signature du relieur tant sa finition est parfaite. Il recouvre une œuvre très rare à trouver dans cette édition de 1857 *« d'Un épisode du temps de la terreur »* par mademoiselle de Pons. Le seul autre exemplaire me semble celui du dépôt légal décrit au catalogue général de la BNF et disponible en ligne au format numérisé. Dans l'avant-propos, la duchesse des Cars, fille aînée de madame de Tourzel, née de Pons, explique que cet opuscule a été imprimé à très peu d'exemplaires en 1795 et distribué à quelques intimes. C'est totalement inconnu et l'édition de 1857, déjà bien difficile à trouver, la première commercialisée, peut être considérée comme originale. Les plats du maroquin sont ornés du fer aux armes d'un prince duc de Bauffremont. OHR ([83]) se trompent quand ils l'attribuent à Alexandre de Bauffremont (1773-1833). Leur supposition était due au fait qu'ils l'avaient relevé sur un ouvrage plus ancien. Ici, nous sommes au plus tôt à la date du livre, soit 1857. Il s'agit du fils, le prince Roger de Bauffremont, 3ᵉ duc de Bauffremont (1823-1891).

Ce petit livre fut un best-seller du XIXᵉ siècle très prisé dans la haute société. Quand je vis sa reliure dans la vitrine d'un libraire toulousain, je sus que je repartirai avec. Le titre est amusant ; « *Entretiens de Pierre Giberne sur les devoirs moraux du soldat* » par le capitaine E. Belleville, ouvrage dédié à l'Empereur Napoléon III. Nous sommes bien avec l'édition originale de 1857 publiée à Paris chez Ch. Tanera dont la librairie était consacrée à l'art militaire et aux sciences. Le tirage est quelconque et le papier présente quelques rousseurs. Mais la reliure rehausse le tout et donne du sel à la lecture. Un plein chagrin marron joliment orné, jusqu'aux coupes avec un pointillé doré, une roulette intérieure encadrant des contre-plats et gardes de soie blanche moirée. Les plats sont décorés de filets dorés et à froid avec des écoinçons également dorés. Toutes les tranches sont dorées. Au centre du premier plat, des armes surmontées d'une couronne royale, encadrées de drapeaux et au-dessous

---

83 Olivier, Hermal et de Roton, op. cit., planche 2446.

desquelles pend la Toison d'or. Cet illustre possesseur n'est autre que Sa Majesté Ferdinand II, Roi des Deux-Siciles (1810-1859) à qui l'ambition d'unifier l'Italie manqua. Peut-être n'a-t-il pas eu le temps de lire Pierre Giberne. Il aurait pu méditer sur le 8e aphorisme de Grisier : « *Cédez toujours aux conseils que l'humanité tend à suggérer* » (p. 90).

Je quitte un peu les ors royaux pour vous présenter un excellent Descartes : « *Les passions de l'âme* ». Rien que le titre justifie cette mention. N'est-ce pas de ce sujet que je vous entretiens depuis le début ? Ce n'est pas l'originale de 1649, mais une édition presque aussi rare faite à Paris en 1664 au format in-12 par Jacques Le Gras. Elle fait deux cent quatre-vingt-deux pages et non dix de moins comme annoncée par la BNF. Le catalogueur n'a pas pris la peine d'ouvrir le livre et de se rendre compte de l'erreur de l'imprimeur qui numérote 271-272 les pages 281-282. C'est un détail mais j'aime les descriptions exactes et le travail bien fait. Pour tout vous dire, c'est un livre de présentation modeste, avec une bonne et solide reliure d'époque en veau un peu usée. Les armes dorées au centre des plats ont souffert de cette usure. Voilà un bouquin qui a été lu et relu. À l'intérieur, le premier lecteur n'a pas hésité à souligner nombre des pensées pascaliennes, notant en marge des commentaires. Qui est cet iconoclaste ? Henry Le Bouthillier de Rancé (1627-1726), dit le chevalier de Rancé, chevalier de Malte, général des galères du roi. C'est le frère de l'abbé de Rancé, condisciple de Bossuet, qui réforma La Trappe et sur lequel Chateaubriand écrivit son dernier livre. Le fer est antérieur à l'entrée dans l'Ordre de Malte (1681). À l'intérieur l'ex-libris porte bien le chef de Malte. J'aime imaginer le chemin que prit notre petit livre, des galères au séjour à La Trappe. Lequel des deux frères l'étudia et l'annota tant ? Et souligna : « *C'est aussi en quelque façon recevoir du mal que d'en faire* ».

« *Les étrangers qui se piquent de savoir toutes les chansons qui courent en France, et qui s'en font honneur dans leur païs, ne seront pas fâchez de trouver icy un recueil des plus belles et des plus agréables, où ils verront le génie de la nation parfaitement exprimé* ». Ainsi conclut le libraire Simon Bénard dans son avant-propos à la publication en 1694 d'un recueil de chansons dont l'auteur anonyme n'est autre que le marquis de Coulanges (1633-1716). La cousine du marquis, chez les parents duquel elle fut élevée, est Madame de Sévigné. Elle parle souvent de son « petit Coulanges », *toujours aimé, toujours estimé, toujours portant la joie et le plaisir*. Même Saint-Simon est aimable à son égard : *C'était un très petit homme gros à face réjouie, de ces esprits faciles, gais, agréables, qui ne produisent que de jolies bagatelles*. Revenons au livre : la reliure est sobre et bien solide. C'est un veau marbré. Les armes poussées au centre des plats sont finement dorées. Au dos, une pièce de titre en maroquin rouge et, entre les nerfs, le chiffre du marquis de Ménars, le beau-frère de Colbert. Nous retiendrons de son existence qu'il fut un bibliophile acharné, d'aucuns dirent « biblio maniaque ». Il racheta vers 1680 la fameuse bibliothèque des de Thou, évitant ainsi la dispersion des fameux volumes pour encore un peu de temps. L'exemplaire est grand de marges et entièrement « réglé ». Détail rare pour l'époque, le relieur a ajouté à la suite du privilège dix feuillets vierges également *réglés*. C'est un livre de bibliophile et cela se voit à la qualité générale portée au soin de la reliure. Je passe souvent au bord de la Loire, sur la route de Blois, admirer le beau château de Ménars que racheta sous Louis XV madame de Pompadour. Ce fut l'écrin d'une belle bibliothèque dont ce charmant petit livre sera à jamais orphelin.

Les éditions originales de Pierre de Bourdeille, dit Brantôme, sont rares et recherchées, surtout en parfaite condition. C'est le cas de cet exemplaire, édition originale du premier titre des « Mémoires », « La vie des dames galantes », publiée en 1665 à l'adresse de Leyde chez Jean Sambix le jeune à la Sphère. Il s'agit en réalité de François Foppens qui imprimait à Bruxelles. Cette édition est considérée comme appartenant à la collection des Elzévirs. L'exemplaire est très beau, grand de marges et surtout dans une reliure d'époque en parfait état. La dorure des tranches est restée très fraîche. Le fer aux armes n'est pas référencé dans OHR. Au dos, un monogramme formé de deux C entrecroisés m'a permis de mener une longue investigation. J'ai fini par l'attribuer à Charles Chenu, seigneur de Mangou dans le Berry, fils d'un échevin de Bourges. C'est vraiment un beau petit livre dont la lecture m'a beaucoup diverti.

Tiens, un gros seizième me passe dans les mains : la meilleure édition des adages d'Érasme d'après le « manuel des libraires » de Brunet, publiée à Paris chez Sonnius en 1579. Ce n'est pas un livre aux armes mais au chiffre. Les lettres DB sont répétées à l'or entre les nerfs et aux écoinçons des plats. J'ai mis un peu de temps à identifier cette origine, celle du collège de Dormans-Bauvais au quartier latin, pépinière du jansénisme au XVIIe siècle.

On appelle communément « reliures de deuil » celles de maroquin noir. Parfois, de façon explicite y sont poussées des larmes à l'or ou à l'argent. C'est le cas ici, pour cette édition originale de 1685 du « *Traité de la providence sur le miracle des sept pains* » attribué au janséniste Nicolas Le Tourneux (1640-1686). Au centre des plats les pleines armes de François de Harlay de Champvallon (1625-1695), archevêque de Paris (1671). Aux écoinçons des plats et au dos des larmes de deuil incompréhensibles. D'avoir un livre de Le Tourneux aux armes de l'archevêque de Paris est déjà étonnant quand on sait que ce prélat censura sa traduction du bréviaire en 1688. D'ailleurs Harlay appuya le Roi dans sa lutte contre les jansénistes et fit expulser de Port Royal des Champs les novices et les confesseurs tout en interdisant le recrutement (1683). Laissons les jugements manichéens aux historiens. L'épître de l'ouvrage de Le Tourneux est dédicacée à Marguerite de Harlay, sœur de l'archevêque, laquelle était abbesse de Port Royal de Paris (établissement créé au XVIᵉ siècle à Paris pour décongestionner Port Royal des Champs), tout aussi janséniste que la maison mère. « *Ce qu'un siècle entier aurait peine à trouver dans tout le christianisme parmi l'un et l'autre sexe se rencontre heureusement en vous et en la personne de Monseigneur l'Archevêque* » lit-on dans ce texte pour le moins flagorneur. Alors, pourquoi Harlay a-t-il accordé une si grande importance à ce livre, y apposant ses armes, ses larmes de deuil sur un splendide maroquin noir ? Ce ne peut être la mort de Le Tourneur en 1686. Non, j'ai bien cherché avant de conclure. Nous avons en main l'ouvrage de dédicace envoyé par Le Tourneur à Marguerite de Harlay qui vient d'être élue abbesse (1685). Elle décède en janvier 1695 et le livre est donné à son frère. C'est en la mémoire de cette dernière, sa sœur préférée, que l'archevêque le fait relier ainsi. Ce détail nous permet de dater précisément la reliure car le prélat meurt à son tour en août de la même année 1695. Hercule Poirot et Sherlock Holmes auraient eu du travail avec les livres.

Pierre-Daniel Huet (1630-1721) fut évêque d'Avranches en 1689. Il est connu surtout comme apologiste des écritures mais aussi comme philosophe anticonformiste. J'aime assez le personnage et ses doutes, surtout en replaçant le tout à son époque. Il se brouilla avec beaucoup de ses contemporains et Segrais a dit de lui qu'il serait *« plus facile de blanchir un nègre que de faire changer Huet d'opinion »*. Il termina doyen de l'Académie française et passa ses dernières années dans la maison professe parisienne des Jésuites. Le Roi racheta pour la Bibliothèque royale ses nombreux livres et manuscrits qu'il avait légués aux Jésuites. Je suis heureux d'avoir récupéré à Amboise il y a quelques années ce dernier tome, composé de la « pantagrueline prognostication », qui forme un tout. Elle est suivie de deux épîtres, de « l'alphabet de l'auteur François » et de la table des matières générale. C'est la première et très recherchée édition critique et commentée de l'œuvre de Rabelais, donnée en 1701 par Le Duchat en collaboration avec La Monneraye (Tchemerzine, V-319). Notre exemplaire porte en haut de la page de titre la mention manuscrite : *« domus profess. Paris. Societ. Jesu. »*. J'aime assez ce rapprochement entre le sulfureux Rabelais et le docte Huet.

Nicolas Caussin (1583-1651), est un jésuite réputé austère. Richelieu l'exila en son temps pour avoir pris le parti de la Reine mère. Mais ce que je retiens de lui est ce livre étonnant, *« Electorum symbolorum et parabolarum historicarum syntagmata »,* premier traité de l'emblématique égyptienne avec, en page de titre de ce gros in-4, un magnifique bois de L. Gaultier où l'on voit des obélisques chargés de hiéroglyphes assez fantaisistes. Nous sommes en 1618 et ce livre, recherche utopique du langage universel, aura un grand succès qui dut bien faire rire Champollion deux siècles plus tard. Cette édition originale, mi-latine mi-grecque, est très recherchée. L'exemplaire que j'ai en main a été luxueusement relié à l'époque, sans doute dans l'atelier de Le Gascon, pour Thomas Morand du Mesnil-Garnier (1584-1651), grand trésorier de France en 1622. C'est un plein maroquin richement doré dans un triple encadrement avec les armes au centre des plats, un dos lisse doré aux petits fers dans un double encadrement, toutes tranches dorées. Il est en bonne place dans une vitrine centrale.

Pour en finir, je vais vous parler du premier livre aux armes dont je fis l'acquisition. Je devais avoir à peine vingt ans et cela annihila un bon moment mes sorties avec les copains et les copines. Il faut savoir s'élever du sensible au spirituel comme disait Saint Jean de La Croix. Enfin, on se console comme on peut et je n'ai jamais regretté l'achat d'un livre.

Pourtant, j'aurais pu avoir un peu de peine. Je ne connaissais pas grand-chose aux livres à figures du XVIIIe siècle et ce qui m'avait attiré dans cette belle reliure armoriée était la note qu'un ancien possesseur y avait laissée, assurant qu'il s'agissait là des armes de Guillaume Castanier d'Auriac (1702-1765). Cela m'intéressait car ce personnage avait racheté le comté de Clermont à la veuve du dernier Caylus de la branche Clermont Lodève. J'avais l'impression de reconstituer le patrimoine familial. Un truc ne collait pas tout de même, le bouquin datait de 1772, sept ans après la mort de Guillaume. Il faut dire que cette fausse attribution du fer est ancienne. Elle débute avec Guigard et se poursuit avec OHR. De nos jours, les libraires continuent de se fourvoyer en propageant toujours l'erreur. Il aura fallu que je voie une reliure identique avec, pour une fois, un ex-libris intérieur aux mêmes armes pour comprendre que le premier possesseur est un monsieur de Vergès dont on ne sait d'ailleurs pas grand-chose. Peu importe, c'est un beau livre ce « Temple de Gnide » mis en vers par Colardeau en 1772. Il fait partie des livres à figures parmi les plus recherchés du XVIIIe siècle. Premier tirage des figures de

Monnet, titre gravé sur lequel figure le portrait de Corneille, sept gravures hors-texte de Monnet gravées par Helman, D. Née, C. Bacquoy, de Launay, N. Ponce et L. Masquelier.

Bon, il est temps de se reposer de cette longue promenade avec les reliures de présentation. Pourtant, je vous l'assure, j'ai laissé de côté bien des livres intéressants. Il n'y a pas eu de tri, juste l'humeur du moment, la proximité d'un rayonnage. Je ne suis pas malheureux de conserver des énigmes et des trésors non encore dévoilés.

XXX
Les catastrophes

IL FAUT être d'un grand stoïcisme pour les surmonter. Quand on en subit une, on prend la mesure du miracle d'avoir en main un bouquin ancien et intact. Il est passé au travers de tout. Et je ne vous souhaite pas d'être celui par qui la détérioration involontaire arrivera. C'est un grand malheur.

Elles sont de plusieurs ordres. La moindre est le vol car, enfin, si l'indélicat qui vous dérobe un livre est blâmable envers la loi et vous-même, l'objet poursuivra une vie que l'on lui souhaite encore longue. Vous subirez un préjudice moral difficile à surmonter sans colère...

Non, les vrais drames sont l'incendie ou l'inondation, quelle qu'en soit l'origine : accident, émeute, guerre ou catastrophe naturelle. Depuis la perte de la bibliothèque d'Alexandrie en passant par Savonarole et sa longue liste d'émules, les saccages n'ont cessé. Sans compter les bibliomanes qui détruisent les exemplaires d'un livre rare pour en posséder le dernier exemplaire.

J'ai connu une de ces vicissitudes dont on garde à jamais le goût amer. On essaie de ne pas trop y penser mais les mauvais jours le souvenir néfaste vous revient. Les déménagements font partie des cauchemars du bibliophile. Ils alimentent la peur de la perte d'un carton, d'un pillage partiel. Heureusement, la plupart du temps cela se passe bien.

Durant ma longue vie professionnelle, j'ai eu la chance d'aller passer trois années dans l'océan indien. Ne pouvant garder un pied-à-terre durant cette absence, mes parents mirent à ma disposition leur grande cave parisienne à peu près vide pour mes livres. Je fis poser une porte blindée, je recouvris le sol d'un film étanche surmonté de palettes en bois et chaque carton de livres était à son tour enrobé de plastique. Je partis l'esprit tranquille. Deux années se passèrent sans l'ombre d'un problème. L'événement néfaste se produisit le dernier hiver.

Dans le sud de Paris il y a une petite rivière ignorée de tous car busée et enfouie depuis longtemps : la Bièvre. Au XIXe siècle encore, dans le 13e arrondissement, les tanneries l'utilisaient mais, avec leur abandon, on avait tout fait pour occulter le cours d'eau. La nature est têtue, bien plus que l'homme. Cet hiver-là, se produisit une crue souterraine de la Bièvre. C'était périodique et anodin sauf cette fois-là où l'intensité fut remarquable. Mes parents, qui passaient seulement l'hiver à Paris n'avaient jamais entendu parler du phénomène. Seule une vieille voisine leur dit qu'elle avait déjà vu cela dans sa jeunesse. Venons-en au fait : l'eau monta d'environ vingt à trente centimètres dans la cave de mes parents. Ils n'avaient plus l'âge de prendre à leur compte le transvasement de mes cartons. Par téléphone je leur dis de ne rien faire. L'été suivant, je reviendrai et ferai alors le bilan des dégâts.

Cela aurait pu être bien pire. Seuls trois cartons n'avaient pas réussi à éviter l'infiltration et pour ceux-là, les dégâts étaient irréversibles. Tous les livres qu'ils contenaient s'étaient peu ou prou transformés en matière friable. Mon malheur vient que j'avais là quelques-uns de mes plus beaux livres. Je ne vous en dresserai pas la liste, elle vous ferait pâlir. D'ailleurs je n'en ai pas dressé la liste, n'ayant pas une couverture d'assurance spécifique, c'était parfaitement inutile et rien ne sert de pleurer après coup. C'est ainsi, il faut faire avec comme disent les gens simples et heureux. Ce que je les envie !

Tout de même, j'avais acheté à la librairie Delamain bien des années auparavant le « *Roy d'armes* » de Marc-Gilbert de Varennes, l'édition originale de 1635, grand in-folio en parfait état venant de la bibliothèque des princes de Poix. Ne parlons pas du prix qui ne fait rien à l'affaire, sauf à dire que cela m'avait valu quelques privations.

Et que dire du « *Thesaurus Latinae Linguae* » de Robert Estienne publié à Paris en 1543 dont j'admirais tant la typographie…

Et tant d'autres encore dont je me sens coupable de la disparition. Un ami me disait de les trouver à nouveau. Certainement pas ai-je répondu. Tous ces titres sont bannis de chez moi. Ma chance est passée avec eux de les conserver. Ce serait les trahir, un tour de magie, une illusion. On ne remplace pas un livre. Cela entretiendrait trop de remords.

XXXI
Quelques bibliophiles célèbres

C'EST une autre façon de poursuivre la promenade avec mes reliures armoriées mais pas seulement. Nous en avons rencontré déjà pas mal dans les pages précédentes. J'ai conservé pour maintenant les plus connus, ceux dont les bibliothèques croulaient sous les titres. Ce sont souvent des livres intéressants et l'on est certain en les tenant que ces grands bibliophiles du passé ont eu des égards pour eux. Nous sommes leurs héritiers et ils nous obligent à faire de même.

Le comte Charles-Henri d'Hoym (1694-1736) fut, dit-on, le plus grand bibliophile du début du XVIIIᵉ siècle. Et pourtant, l'époque n'en manquait pas. Il fut ambassadeur de Saxe à la Cour de France dès 1715. La légende veut que son immense fortune vînt du transfert du secret de la fabrication de la porcelaine à Sèvres. Jusque-là, venue de Chine, seule la porcelaine de Saxe connaissait la recette de l'intégration du kaolin. C'est un autre bibliophile, le baron Pichon, qui écrira sa biographie en 1880. La vie du comte d'Hoym est un vrai roman. Cela hélas se finit mal. Durant sa période française, il constitue son impressionnante bibliothèque privée, faisant relier ses livres par Boyet et Pasdeloup. En 1729, il retourne en Saxe et est nommé ministre par Auguste II le Fort, électeur de Saxe et roi de Pologne. Il se fait de nombreux ennemis, intrigue beaucoup et sera plusieurs fois emprisonné. Ruiné, il se suicidera en prison en 1736. Sa bibliothèque est vendue en avril 1738. Il n'est pas rare de trouver dans les belles ventes des ouvrages ayant cette provenance. La cote reste soutenue car la qualité des livres du comte d'Hoym est toujours remarquable. Je n'ai qu'un titre ayant cette origine, malheureusement avec un dos très abîmé, mais cela reste une belle reliure de présentation. Il s'agit d'un volume contenant les deux premiers tomes de « *l'Histoire de deux triumvirats* » d'Auguste de Larrey, publié à Amsterdam en 1715. C'est amusant parce que la femme de ce de Larrey, Élisabeth d'Alençon (1646-1721), était la petite-fille de mon aïeul normand Regnault d'Ourcel (1572-1637). Elle et son mari, protestants, émigrèrent aux Pays Bas où Larrey devint *historiographe des États généraux des Pays Bas*. Durant sa longue existence, ce petit livre est passé dans la bibliothèque de Marie-Geneviève-Charlotte Thiroux d'Arcouville (1720-1805), femme de Lettres et anatomiste célèbre, dont l'ex-libris orne le premier contre-plat, surmonté de celui de Madame Gabriel de Lessert, née Valentine de Laborde (1806-1894), qui fut l'égérie de Prosper Mérimée. C'est avec cette bonne compagnie que je relis l'épisode de la mort de Pompée tué par Septimius avant de reposer ce vénérable livre.

Abordons maintenant avec respect Charles de Rohan (1715-1787), prince de Soubise et d'Épinoy, duc de Rohan-Rohan et de Ventadour. Il entra à 16 ans dans les mousquetaires, nommé capitaine-lieutenant des gendarmes de la garde en 1734, brigadier de cavalerie en 1740, pourvu du gouvernement de Champagne et de Brie en 1741, maréchal de camp en 1743 et lieutenant-général en 1748. Il obtint le gouvernement de la Flandre et du Hainaut en 1751 en échange de la Champagne et de la Brie. Il fut nommé pair de France en 1752, maréchal de France en 1758 et ministre d'État en 1759. Il siégea au Conseil des ministres jusqu'en 1786 et reçut les insignes de. Grand-Croix de l'Ordre de Saint-Louis en 1779. Voilà une belle carte de visite mais cela ne serait rien pour moi si Rohan-Rohan n'avait été un bibliophile averti. Ami intime et sincère de Louis XV et de madame de Pompadour, il hérita de la bibliothèque de son oncle le cardinal de Rohan et acheta une quantité énorme d'ouvrages remarquables par leur intérêt, leur rareté et leur valeur. Cette collection fut vendue aux enchères en 1788 et la plus grande partie acquise par le comte d'Artois qui la laissa à la bibliothèque de l'Arsenal. La caractéristique de ses reliures, en veau fauve le plus souvent, est de ne pas être aux « pleines armes », mais généralement ornées simplement de macles et de mouchetures d'hermine couronnées, frappées alternativement entre les nervures du dos et aux écoinçons des plats.

J'ai deux titres à vous proposer de cette provenance. Le premier est peut-être un bouquin ramené d'une campagne militaire en Italie puisqu'il fut publié à Milan en 1736, rédigé en italien et latin. Il s'agit de « *Priores quinque libros argonauticon* » de Valerius Flaccus. L'intérieur est frais et grand de marges. Le second est en deux volumes où seuls les écoinçons portent les pièces d'armes des Rohan. C'est la célèbre « Histoire du ciel » de Pluche, l'édition de 1757 où l'on trouve le frontispice et vingt-cinq gravures ésotériques de J-P. Le Bas, grand classique sur l'astrologie dans ce que l'on considère comme la meilleure édition. J'abandonne ici le maréchal de Soubise qui avait un esprit éclectique.

Je vous propose de faire maintenant un bond temporel pour nous retrouver au XIXe siècle avec un bibliophile non moins attachant : Edmond de Montaigne, vicomte de Poncins (1866-1937), eut deux bibliothèques distinctes, réservant à chacune d'elles un ex-libris différent. En premier lieu, il accumula nombre d'ouvrages sur la noblesse agrémentés de son premier ex-libris (armoiries parti Poncins et Biencourt). La seconde bibliothèque est liée à sa passion d'explorateur et de photographe des pays lointains. L'ex-libris représente une tente dressée dans une savane au pied d'un arbre. L'épouse du vicomte Edmond, née Marie-Amélie de Biencourt (1866-1937), hérita du beau château d'Azay-le-Rideau. Elle eut également un ex-libris héraldique aux armes des deux familles avec la légende « Ex-libris Biencourt-Poncins ». De la bibliothèque nobiliaire du vicomte Edmond de Poncins, j'ai acquis une rareté : le 1er bulletin de « *l'Association Paternelle des Chevaliers de l'Ordre Royal et Militaire de Saint-Louis* » publié à Paris en mars 1816. Il est inconnu de Saffroy qui ne mentionne que les éditions postérieures (I, 6117, 6162 et suiv.). Le vicomte déposa cet exemplaire chez son relieur (Pagnant ou Thierry) qui fit un somptueux habillage. C'est l'une de mes plus belles reliures : un plein maroquin bleu nuit avec une magnifique dentelle dorée de fleurs de lis en encadrement des plats, roulette dorée sur les coupes, autre dentelle dorée de fleurs de lis en encadrement des contre-plats, dos à nerfs orné avec de nouveau des fleurs de lis dans les entre-nerfs, tête dorée et, bien entendu, le fer aux armes Poncins-Biencourt au centre des plats. Cette splendide reliure et son contenu sont passés dans la librairie Clavreuil en janvier 2005 puis furent vendus à Bordeaux en mai de la même année. Je suis heureux de vous avoir montré cette petite merveille.

Avec le baron Jérôme Pichon (1812-1896) on a parfois parlé de bibliomanie. Il n'a pas vingt ans quand il débute sa bibliothèque. Très rapidement il s'endette et doit la somme considérable de 6 000 francs aux libraires. Son père, dont la fortune était solide, rembourse tout et le baron Jérôme poursuit de plus belle sa collecte de livres rares et précieux. En 1844, il devient président de la Société des Bibliophiles. Il publie plusieurs textes dans des éditions de luxe, notamment la biographie du comte d'Hoym que j'ai mentionné plus haut. Il avait le défaut commun à son époque de faire relier les ouvrages dont les reliures d'origines lui semblaient trop modestes. Il fit principalement travailler le grand relieur Hippolyte Duru

(1803-1884) et avait l'habitude de noter en haut de la première contre-garde, sous le tampon du relieur, la date exacte où le livre revenait chez lui joliment paré. Je crois être le premier à avoir remarqué ce détail. Il vendit une partie de sa bibliothèque de son vivant, en 1869. C'est en 1897, après son décès, que la plus grande partie fut livrée au feu des enchères. J'ai un beau et rare petit livre relié à ses armes et sorti de chez le relieur H. Duru le 24 août 1841. Il s'agit du « *Traité des marques nationales, tant de celles qui servent à la distinction d'une Nation en général... Origine aux Armoiries, aux Habits d'Ordonnance des Militaires, & aux Livrées des Domestiques* ». Le baron a fait relier à la suite un article du *Mercure de France* de mars 1739 (4 ff.) commentant l'ouvrage plus un article sur le même sujet du *Journal historique sur les manières du temps* de juin 1739 (2 ff.), faisant sans doute de cet exemplaire le meilleur qu'on puisse trouver de cette œuvre d'Étienne-Claude Beneton de Morange de Peyrins publiée en 1739. Par ailleurs, c'est le seul ouvrage d'ancien régime traitant du détail des livrées domestiques, branche méconnue de l'héraldique. Un mors est fendu mais la qualité des fers, notamment ceux du dos, « à la grotesque », poussés entre les nerfs, les tranches dorées, la roulette intérieure, le joli marbré des contre-plats et gardes confèrent au tout une belle présentation. En relisant ce petit livre écrit en 1739 j'y retrouve toute la symbolique des couleurs de la livrée royale : *le fond bleu est semblable à l'écu azuré, sur lequel sont placées les fleurs de lis, symboles de la nation, le galon en est rouge et blanc... Ces trois couleurs ont été successivement celles qui ont désigné les Français : le bleu sous les deux premières races de nos Rois, le rouge sous la troisième et jusqu'à Charles VI et le blanc depuis Charles VII jusqu'à présent.* Notre drapeau n'est rien d'autre. Il y manque quelques lis en écoinçons.

J'ai déjà mentionné la bibliothèque des Pavée de Vandeuvre à propos d'un livre du père Thomassin. Leurs livres traitaient de bien des sujets, de toutes les époques et de tous les genres, mais toujours intéressants. La profusion des reliures aux armes de cette provenance fait imaginer aux marchands qu'il s'agit de tout-venant : c'est tout le contraire ! Heureux bibliophiles que nous sommes à nous sustenter à peu de frais à cause d'une réputation au rabais. Profitez-en, cela ne durera pas. Il faut distinguer deux fers de reliure dans cette bibliothèque. Le premier, le plus ancien, est celui de Guillaume-Gabriel Pavée de Vandeuvre (1779-1870), d'une belle longévité. Peu favorable au retour des Bourbon, il finit par se rallier à la Monarchie de Juillet qui le fera pair de France en 1837. Il adopte le petit-fils de sa sœur Jules-Marie-Florent Evain (1851-1926), diplomate, fils de Jules Évain et de Pauline-Esther Bourlon d'Hérouville, qui hérita de la bibliothèque. Le second fer porte les armoiries des Pavée en 2 et 3 d'un écartelé et, dans les quartiers 1 et 4 trois chevrons d'or sur azur. Ce ne sont ni les armes des Bourlon ni celles des Evain. Je finis pas penser qu'il s'agit d'une variante de celles de Guillaume-Gabriel. D'autant que je les trouve sur des livres qui lui sont contemporains. En premier sur ce petit brûlot d'Auguste Romieu, paru à Paris en 1851 : « *Le spectre rouge de 1852* », rare édition originale de ce pamphlet réactionnaire qui prépare le coup de force du prince président. Le baron de Vandeuvre l'a fait relier chez Bouquet, successeur de Thomson, en plein veau blond. Je le trouve aussi sur un ouvrage d'Eugène Talbot publié à Paris en 1863, « *Les œuvres complètes de l'empereur Julien* », habillé d'une belle reliure de Bourlier. C'est un ouvrage qui reste une référence.

Le comte Charles de Mandre (1805-1875), Maître de Forges, a également constitué une très vaste bibliothèque dispersée en 1887 et dont le catalogue de vente avait été fait par Lorédan Larchey. C'est ce dernier qui avait réalisé l'eau-forte de l'ex-libris du comte de Mandre. La bibliothèque était éclectique. Je peux vous présenter trois ouvrages dans l'ordre chronologique, tous les trois aux armes mais uniquement poussées sur le premier plat. En premier un Voltaire, « *La pucelle d'Orléans, poème en 21 chants* », dans une édition peu courante publiée à Genève en 1777 (Cazin). En second le « Résumé de l'Histoire de France » de Félix Bodin, l'édition de 1834 qui intègre la charte de 1830. Cet exemplaire a été truffé d'une lettre de Félix Bodin au peintre David datant du début des années 1820 : *Monsieur, je vous adresse ci-incluse la lettre d'introduction, avec laquelle vous pouvez partir directement, et je vous garantis que vous serez bien reçu. En 24 heures vous arrivez à Tours par la diligence. De là à Chinon vous avez 10 lieues à faire et il part des petites voitures tous les jours. Recevez, Monsieur, mes sincères salutations. Félix Bodin. À Chinon, vous apprendrez de tout le monde où est située la Ville au maire.* L'exemplaire a été acquis par la duchesse de Plaisance, née Hélène de La Rochefoucauld (1865-1939) qui y a apposé son ex-libris. Enfin, le dernier livre est une grande plaquette in-8, « *Passé minuit, vaudeville en un acte* ». Cette pièce, écrite par Lockroy et Anicet-Bourgeois, a été représentée pour la première fois, à Paris, sur le théâtre de Vaudeville, le 18 juin 1839. Le comte de Mandre l'a fait relier avec une lettre manuscrite de Lockroy (1803-1891), fils du général Henri Simon qui lui interdit de publier sous son nom. Comme on le voit, le comte de Mandre avait l'habitude d'enrichir ses livres et c'est peut-être le précurseur du genre.

Je ne voudrais pas oublier les grands bibliophiles francophiles de l'étranger. J'ai cité le comte d'Hoym et pour le XIXe siècle, il m'est impossible d'omettre le marquis de Morante, Joaquim Gomez de La Cortina

(1808-1868). Sa très belle bibliothèque fut constituée en France et c'est aux meilleurs relieurs du pays qu'il fit appel. Je n'ose vous dire de combien d'ouvrages elle était constituée. Asseyez-vous d'abord. Vous êtes prêts ? Et bien, il alignait dans ses rayonnages cent vingt mille volumes ([84]). Et sur une grande hauteur qui fut cause de son décès : il tomba de l'échelle et mourut. C'est le Molière des bibliophiles. Son ex-libris et son fer aux armes ont tout de l'héraldique espagnole avec huit quartiers. Cette complexité a un avantage, on reconnaît au premier coup d'œil une reliure du marquis de Morante. Il y a bien longtemps, je me suis un peu précipité pour en acquérir une, un tome dépareillé, un Tacite édité en Allemagne en 1847 dont je ne devrais même pas parler. Je me suis depuis rattrapé en me faisant le gardien d'un livre de Martin et Larcher publié par Hetzel en 1858 : « *Anthologie Satirique, le mal que les poètes ont dit des femmes* ». Je n'ose en recommander la lecture. Au second degré, elle est désopilante. Enfin, dernier exemple, un ouvrage rare du père Carayon publié à Paris en 1865, « *notes historiques sur cinq jésuites massacrés au Mont Liban en 1860* », épisode d'une longue suite de tragédies dans le Liban maronite.

Au XXᵉ siècle, je retiens dans mes domaines de prédilection Amadeo Delaunet y Esnaola (1885-1958), bibliophile basque qui vécut à Saint-Sébastien. Il descendait de la famille de Beauvau et passa près de cinquante années de sa vie à constituer une bibliothèque consacrée à l'héraldique, à la généalogie et aux noblesses française et espagnole ([85]). Il possédait de nombreux *ex-libris* : plusieurs à son nom, plusieurs au nom des

---

84 Le prince Roland Bonaparte avait constitué une bibliothèque de 150,000 volumes, ce qui semble un record.

85 Son catalogue fut publié par son neveu en 1960.

Archives et de la bibliothèque du marquisat de Beauvau ou encore des marquis de Pontecroix. Il fit relier de nombreux ouvrages aux armes des marquis de Beauvau ou de Pontecroix. J'ai la chance d'avoir trouvé récemment le fameux « *Armorial belge du bibliophile* », publié en 1930 à sept cents exemplaires, l'équivalent du OHR français, en trois grands volumes admirablement reliés en plein veau glacé noir, dos à nerfs ornés avec couronne et devise du marquisat de Pontecroix en queue, double filet doré d'encadrement et grandes armes des marquis de Pontecroix dorées au centre des premiers plats. Amadeo Delaunet l'avait acheté broché chez Saffroy en 1954 pour la coquette somme de quatre mille francs comme il l'écrit de sa main sur une page du premier volume. C'est sublime. La seule autre chose que j'ai venant de chez lui est un annuaire de la noblesse italienne de 1903 muni aussi de deux de ses ex-libris. En 2015, une partie de cette bibliothèque fut vendue aux enchères à Paris. Je lorgne souvent sur les catalogues spécialisés des merveilles venant de chez Amadeo Delaunet sans pouvoir les acquérir.

Pour finir et revenir en France, voici un bibliophile qui se pousse un peu du col. Il faut dire que sa famille a prodigieusement réussi en quelques décennies au XIXe siècle, avec les alliances les plus flatteuses. Le comte Thierry Michel de Pierredon (1883-1955) est couvert de titres et d'honneurs, camérier secret des papes Pie X, Benoît XV et Pie XI, ministre plénipotentiaire et Bailli Grand-croix d'honneur de dévotion de l'ordre souverain de Malte, etc. Il a épousé une princesse de Polignac. En 1934, un gros et rare ouvrage publié à Madrid décrit « *L'Histoire généalogique de la maison Michel de Pierredon, suivie des ascendances impériales et royales en ligne féminine de Marie-Henri-Thierry, comte Michel de Pierredon* ». Le comte de Pierredon se constitua une belle bibliothèque historique, dont les livres furent admirablement reliés en plein maroquin avec des armoiries somptueuses frappées sur les plats, surmontées d'une couronne royale fleurdelisée, conservés le plus souvent sous emboîtages gainés de maroquin. Je conserve deux de ces somptuosités. En premier, la rare édition originale des « *Mémoires et réflexions sur les principaux événements du règne de Louis XIV* », publiée en 1716 à Rotterdam, mémoires attribués au marquis de La Fare. En second, le non moins rare « *Essai sur le règne d'Alexis Ier Comnène* » publié en 1900 par l'École des Chartes, premier ouvrage de l'historien Ferdinand Chalandon (1875-1921), spécialiste incontesté de l'Empire byzantin.

J'ai conscience de laisser de côté beaucoup de grands noms de la bibliophilie. Mon sujet n'était pas de couvrir un thème mais de nous promener dans ma bibliothèque. Ceux que nous sommes venus saluer ensemble ont évidemment plus d'affinités avec moi que d'autres. C'est aussi le fait du voyage des livres. Ce sont les leurs qui sont venus se reposer chez moi. Leur temps est moins compté que le mien. Ils peuvent rester autant qu'il leur plaira.

Pour terminer ce chapitre, je vais évoquer la « Société des bibliophiles françois » fondée en 1820. Elle était composée de trente-cinq membres français et d'une dizaine de correspondants étrangers avant la guerre de quatorze. Son rôle était de publier des ouvrages rares ou inédits de langue française. Les statuts précisaient que les femmes pouvaient être admises sans excéder le nombre de cinq et sans qu'il soit besoin que ce chiffre soit atteint. Il y eut une quarantaine de publications luxueuses, dont « *l'Heptaméron des nouvelles de Marguerite d'Angoulême, Reine de Navarre* » publié en trois volumes (1853-1854), puis réédité en 4 volumes en 1880, première édition respectant l'intégralité du manuscrit et agrémentée des notes de MM. Le Roux de Lincy et Anatole de Montaiglon. Cette réédition que j'ouvre est sur papier de Hollande avec une typographie et des illustrations remarquables.

La société publiait à l'intention de ses membres un annuaire périodique sous le titre « Liste des membres de la Société des Bibliophiles François », donc à un nombre avoisinant les cinquante exemplaires. J'ai celui de l'année 1911 qui fait suite à celui de 1906. Les membres décédés entre ces deux dates ont le droit à une notice biographique avec un beau portrait gravé. Il s'agit de la comtesse Fernand de La Ferronnays, doyenne de la Société ; du duc de Broglie ; de la marquise de Nadaillac ; d'Ernest Quentin-Bauchart ; de Victor Masséna, prince d'Essling et de SAR le duc de Chartres dont malheureusement le portrait a été enlevé. Je ne sais à qui appartenait cet exemplaire mais son possesseur a pris le soin de mentionner les décès suivants et les nouveaux membres, tels M. Claude Cochin qui fait son entrée le 14 février 1912 et M. le baron de Lassus, le 5 mars 1913. La liste des trente-cinq fauteuils est produite avec la succession des titulaires jusqu'en 1911. On trouve là les plus grands bibliophiles français du XIXᵉ siècle dont certains entrevus dans ces pages.

XXXII
Quelques livres au débotté

SANS doute avez-vous, comme moi, acheté un livre sur un étal à cause de sa singularité. Le thème n'est peut-être pas inscrit au fronton de vos recherches coutumières mais vous n'avez pas résisté à l'appel de l'originalité. Si c'est le cas, nous avons la même curiosité.

Dernièrement, je trouvai une de ces bizarreries publiée en 1854 à Paris chez Dumoulin. « *Les chroniques, contes et légendes* » par Charles-Amédée Beneyton (1824-1888) sont écrits en vieux français. L'éditeur les a présentées comme des fabliaux médiévaux avec de jolies lettrines, un titre en gothique rouge et noir, des bandeaux et culs-de-lampe charmants. L'auteur s'y essaie avec succès à raconter des légendes de chevalerie et d'amour courtois entremêlées de prières latines. Un tout bien agréable et délassant à lire. La partie finale de l'ouvrage est consacrée aux notes, comme le ferait un chartiste ayant recopié un vieux grimoire et tenu d'expliquer certains passages obscurs. Mais qui est donc ce Beneyton ? Il fut inspecteur des Finances, comte Romain et avait dans son ascendance les Lyautey lorrains. Il produisit d'autres publications de la même veine et rêvait sans doute d'une autre époque que la sienne, ce qui lui vaut toute ma sympathie. Le prince de Poix, duc de Mouchy, Antoine de Noailles (1841-1909), que nous avons entrevu plus haut, se porta acquéreur de cet ouvrage et y accorda suffisamment d'importance pour le porter chez son relieur Belz-Niédrée. Ce dernier le recouvrit d'un demi-maroquin rouge, dora la tranche supérieure, poussa le fer couronné entre les nerfs, ce qui aboutit à faire de ce livre singulier un bien joli exemplaire. J'aimerais, comme le comte Beneyton, vous écrire : *que s'il ne se peut faire aultrement, vous veulx bien octroyer permission de bailler votre saoul mais non de dormir, ainsi que Monsieur Marot en faict requeste en ses livres.*

Je ne sais pas grand-chose de ce Rouergat, Théodule de La Vernhe, qui publia en 1904 à Decazeville, un ouvrage très rare d'après Thiébaud ([86]), « *Impressions d'un sportman* ». Rare et assez déroutant, l'auteur y traite bien des sujets dans un curieux mélange d'anecdotes et de récits de chasse, mais contenant également la relation d'une visite en Rouergue, une diatribe poétique sur les courses, des poèmes sur le setter irlandais, le braque anglais et le braque français, le cheval arabe, le cheval anglais et les turfistes. J'ai l'impression que monsieur de La Vernhe accumula des notes et, lorsque la pile de feuillets fut suffisante, publia son livre. Il paraît que Maurice Barrès ne faisait pas autrement.

Le vieux Maurras fut embastillé à la Libération non pour intelligence avec l'ennemi car il n'y avait pas plus anti-allemand que lui, mais simplement pour incompatibilité politique totale avec la France gaulliste ou communiste de l'immédiat après-guerre. C'est ainsi, de tout temps, les régimes écrasent leurs opposants. Il faut dire que le vieux Maître l'avait cherché, pourfendant jusqu'au bout ses adversaires d'hier qui devinrent les gouvernants du jour. Il n'empêche, condamné à perpétuité à soixante-dix-sept ans pour délit d'opinion cela mérite toute ma considération. Je pense qu'un temps viendra où d'honnêtes gens le sortiront de l'oubli non pour réhabiliter l'homme politique qui a perdu ses combats mais l'écrivain pour ses productions littéraires, ses souvenirs, ses poèmes qui comptent, qu'on le veuille ou non, dans les Lettres françaises. C'est même un poids lourd bien encombrant pour l'intelligentsia qui n'en finit pas de s'égosiller dès que l'on prononce son

---

86 Bibliographie des ouvrages français sur la chasse, *P.*, 1934.

nom. J'avoue avoir quelques titres et belles reliures du chantre de Martigues. Je ne parlerai ici que d'un petit bouquin bien simple, truffé de coquilles typographiques qui auraient horripilé le vieux maître, paru en 1951 à quelques centaines d'exemplaires sous la houlette anonyme de l'orléanais Roger Joseph, un des derniers fidèles. C'est un récit inattendu, truculent, intime et souvent émouvant, nommé « *Tragi-comédie de ma surdité* ». Pour le reste, si vous êtes horrifiés de voir ici un réprouvé, je pourrai pasticher Barbey d'Aurevilly en vous disant : « *je connais trop la rengaine des lâches. On ne remonte pas le courant de l'opinion publique* ». Vous trouverez ça dans « *Goethe et Diderot* », l'édition originale éditée chez Dentu en 1880. Le marquis de Mecflet le fit relier dans un simple demi-chagrin où sont poussées des fleurs de lis dorées aux entre-nerfs du dos. Ce détail me suffit pour clore le présent paragraphe.

Je ne citerai qu'un ouvrage d'Alphonse Daudet. Tout a été écrit sur le reste. Mais j'avais tenu à avoir celui-ci et à le lire après ce que m'en avait dit Guy Bechtel au temps de nos amicales conversations des samedis parisiens. « *La Doulou* », une longue plainte sur la maladie, les traitements inopérants, la déchéance évidente mais aussi la vie et une foultitude d'anecdotes amusantes picorées par une plume de génie. Ce ne fut pas si simple à trouver. En 1929, il y eut un petit tirage sur japon à cent vingt-cinq exemplaires non mis dans le commerce. Puis, un an plus tard, l'édition originale commerciale parut dans le volume XVII des œuvres complètes *ne varietur* d'Alphonse Daudet à La Librairie de France. C'est un exemplaire de cette édition, joliment relié, que je conserve. J'ai oublié de préciser la localisation de la station thermale où venait se soigner le grand écrivain : Lamalou-les-Bains, là où je vins souvent avec Guy Bechtel lors de mes séjours colombiérois. Là d'où

Alphonse Daudet écrivait cette amusante rimaille pour qui connaît la taille de la ville :

*Lamalou-le-Haut est pourvu d'*appa*s !*
Lamalou-le-Ba*s ne s'en* priv*e p*as !
Nous avons encor Lamalou-le-Centre.
Mais de celui-ci nous n'en parlons pas !
Lamalou-le-Haut, Lamalou-le-Bas,
Quels jolis coins pour prendre ses ébats !

Georges Valois, de son vrai nom Alfred-Georges Gressens (1878-1945), est un velléitaire politique qui après avoir été anarchosyndicaliste devient maurrassien puis crée le premier parti fasciste français (1925). Il revient à gauche dans les années trente, s'engage dans la Résistance pendant la guerre et meurt en déportation. S'il a eu du mal à trouver sa voie, sa sincérité fut totale dans chacun de ses engagements et c'est là l'essentiel du parfait honnête homme. Je ne conserve qu'un ouvrage de lui, tout à fait intéressant car il s'agit d'un livre de souvenirs, les seuls qui souvent retiennent mon attention. « *D'un siècle à l'autre, chronique d'une génération (1885-1920)* » fut publié en 1921. L'exemplaire que je retrouve sur une étagère un peu haute est en tirage de tête sur Japon. Il a été relié par Yseux successeur de Thierry-Simier avec un beau demi-maroquin à coins en vieux rouge, dos à nerfs et tête dorée, signé par l'auteur. On ne peut qu'aimer un livre qui débute par : *Mon enfance m'apparaît comme un jardin de fleurs et de lumière.* »

Qui se souvient de Jacques Perret ? Les plus lettrés vous citent « *Le caporal épinglé* » et certains l'ont même lu, ce qui est méritoire car les digressions y sont bien longues, comme devaient être bien longues les journées d'un prisonnier de guerre astreint au camp de discipline pour cause de tentatives d'évasion à répétition. J'ai à peu près tout lu de lui et préféré surtout ses souvenirs. Les éditions originales sont prisées et peu accessibles alors laissez-vous tenter par les tirages courants et brûlez-vous les idées toutes faites à la plume de cet auteur sensible et réputé sulfureux. On trouve encore assez facilement, dans les belles reliures cartonnées de la NRF, le gros « Nouvelles » qui regroupe en huit cents pages cinq titres rares accompagnés de trente-deux aquarelles de Bernadette Kelly, Pierre Alary, Jean-Pierre Péraro, Georges Beuville et André Collot. Le papier est un vélin Plumex et le tirage unique de septembre 1961 fut de dix mille deux cent cinquante exemplaires, dont deux cent cinquante hors commerce. Le bibliophile préférera avoir un des mille premiers exemplaires numérotés. Cela débute avec « *La bête Mahousse* » : un régal. Ce merveilleux conte avait déjà été édité aux éditions de la Toison d'Or en 1954 avec les illustrations de Beuville dans un tirage de luxe de trois mille cinquante exemplaires dont les cinquante premiers sur Rives sont très recherchés. Je n'ai qu'un des trois mille sur Alfa mais dans un beau demi-chagrin à coins et tête dorée. Je le relis régulièrement et, toujours, je retrouve, admiratif, une langue vivante et roborative qui n'est pas sans rappeler celle de Rabelais dans ses inventions. Je l'aime bien cette bête Mahousse dont seuls les adultes conformistes ont peur. Son aveu me sied : *je ne te raconte pas l'affaire en détail, disait-elle, parce que moi-même je m'y perds, mais au fond, à mon avis, au plus fort de mes accès méphitiques, je n'ai jamais cessé d'être une bête du bon Dieu.*

Georges Simenon, c'était le rayon de mon père. Maman lui avait acheté la série complète parue sur papier bible aux Éditions Rencontre, de Lausanne, à la fin des années soixante, reconnaissable aux reliures de skaï bleu. Je les ai laissés dans la bicoque normande de mes parents et, quand j'y retourne, il m'arrive d'y puiser un Maigret pour passer le temps s'il pleut trop. Cela me rapproche un peu de mon père. Mais nous ne sommes pas là en univers bibliophilique. Le seul titre de Simenon en marge de mes étagères est « *La fenêtre des Rouet* », l'édition originale de 1945 avec les illustrations de Chapelain-Midy, sur beau papier et reliure très correcte avec tête dorée. C'est loin d'être rare.

Édouard Herriot fut premier à l'agrégation de Lettres en 1894. C'est peut-être son meilleur titre de gloire. Au milieu des années vingt il est à la tête du « Cartel des gauches » et ne fera pas de merveilles à la présidence du Conseil. Dans les années trente, radical de gauche type, il adhère à l'idée lénifiante d'une Union Soviétique idyllique où le peuple est prospère. Tenu à l'écart durant la période pétainiste, il se rapproche de son ami Laval lors d'une tartarinade censée rapprocher la France de Vichy des Alliés. Il reprend le flambeau jusqu'à sa mort en 1957, incarnation de l'homme politique fluctuant des troisième et quatrième Républiques. Je suis un peu sévère et vous allez me dire avec juste raison : Pourquoi nous parler de lui si vous ne l'aimez pas ? Tout simplement à cause d'un livre que je conserve pieusement, non pour l'auteur mais pour le dédicataire qui est un grand-oncle vénéré. Herriot lui envoie l'un des cent cinquante exemplaires sur Madagascar, *« en hommage amical »*, de « *Dans la forêt normande* » publiée en 1925. Au reste, c'est un bon bouquin, aux descriptions très justes où je me retrouve en fermant les yeux « *au village de Ducey qui mire au bord de la Sélune ses jardins emplis de géraniums, d'hortensias et de magnolias en fleurs* ». Je ne refusai pas ce cadeau que me fit autrefois une cousine.

Je ne vous perdrai pas davantage au hasard de la prise d'un volume sur un rayonnage ou un autre. C'était aussi une parenthèse, un entracte avant, de nouveau, d'attaquer les choses sérieuses si j'ose dire.

XXXIII
Les Elzévirs

TOUT de suite une précision pour Bernadette et Jean-Pierre qui s'attachent à me relire et à débusquer les coquilles dont je suis si coutumier. Les noms propres sont invariables, du moins c'est la règle habituelle que je m'impose. Pour les Elzévirs, c'est tout autre chose. En bibliophilie on désigne certes ainsi une famille d'imprimeurs néerlandais qui fut réputée au XVIIe siècle pour la qualité typographique de ses éditions faites principalement à Leyde et Amsterdam. Si je ne parlais que d'eux, j'écrirais les Elzévir (ou Elzevier) mais quand je parle de leur production, je mentionne leurs éditions qui sont par convention désignées sous le terme « Elzévirs ».

Ils ont créé un caractère typographique d'une grande finesse permettant des éditions de petits formats et donc d'une meilleure rentabilité à une époque où le papier était fort cher. Cela aida la diffusion des textes humanistes et des éditions classiques jusque-là réservés à une certaine élite. Leurs formats privilégiés sont le petit in-12 et l'in-16, de hauteur toujours inférieure à 130 mm.

Les bibliophiles ont prisé cette production dès son apparition. Certains même ne cherchèrent que les « Elzévirs » et en constituèrent des collections réputées. J'ai évité cette tentation tout en ne refusant jamais d'en héberger quand les bonnes occasions se présentaient. Un très bon petit livre a été publié à Amsterdam en 1955 par S.L. Hartz, intitulé « *The Elseviers and their contemporaries* » avec de remarquables illustrations. On y trouve la généalogie de la famille Elzévir de 1583 à 1712. La reliure de pleine toile noire est frappée à froid sur le premier plat des armes Elzévir. Mon exemplaire est enrichi d'un bel envoi à Monsieur Van den Broek d'Obenau. Les éditions à la sphère sont souvent associées aux Elzévirs, même sous d'autres noms d'éditeurs (Sambix, Marteau, etc.).

L'engouement fut tel au XIXe siècle que les vélins d'époque furent remplacés par des maroquins signés des plus grands relieurs. Aujourd'hui que la fièvre est retombée, ce sont tout de même ces exemplaires superbement parés qui restent en haut de la cote. Sous le Second Empire, des éditeurs parisiens se lancèrent même sur le créneau de la « Bibliothèque Elzévirienne » en reprenant la typographie et la marque à la sphère. Cette production est reconnaissable à ses reliures de toile rouge et au symbole de la sphère armillaire poussée à l'or au dos des volumes. J'en ai quelques-uns.

Évidemment, j'aimerais vous présenter les « *Provinciales* » de Pascal ou les « *Maximes* » de La Rochefoucauld dont les éditions originales sont parues chez les Elzévir. Les versions que j'en possède sont bien postérieures mais cela ne retire rien à l'intérêt des textes. Non, mon premier Elzévir est assez commun mais très intéressant. Il s'agit du « *Belgii confoederati respublica seu Gelriae, Holland, Zeland, ... chorographica politicaque descriptio* », *de* Johannes de Laet (1581-1649), publié en 1630. Il y eut trois éditions la même année et la seconde, celle que je regarde, est dite préférable avec un index et un chapitre supplémentaire (Willems, 326) ([87]). Mon exemplaire a tout de même une petite qualité. Il est conservé dans son vélin d'origine un peu fané mais le prince Charles d'Arenberg (1721-1778) a

---

87 Alphonse WILLEMS, *Les Elzevier, histoire et annales typographiques*, *1880*.

daigné, dans sa grande bonté, y faire pousser le fer à ses armes au centre des plats.

Stace, autrement dit Publius Papinius Statius, est un poète latin du premier siècle de notre ère. Les trois œuvres connues sont « Les sylves », « La Thébaïde » et « l'Achilléide » restée inachevée. J'en ai une édition faite en 1624 par Guillaume Blaeu (1571-1638), imitateur des Elzévir à Amsterdam et qui utilise également la sphère armillaire dans ses pages de titre. Il se spécialisera dans la cartographie et ses atlas et ceux de ses fils Jean et Corneille sont très recherchés. Son Stace est d'un très petit format (110*55 mm), joliment relié à l'époque d'un veau blond aux armes de Gaspard de Fieubet (ca 1577-1647), d'une famille toulousaine. Mais je conserve également l'édition publiée par Louis Elzévir en 1653 et établie à sa demande par Jean-Frédéric Gronove qui était un latiniste allemand. Elle fut habillée au XIXe siècle en pleine peau avec la mention au dos « Amsterdam – Elzévir - 1653 ».

Juvénal est aussi un poète romain. Il est un peu plus tardif que Stace et est connu pour ses poèmes satiriques. Ses « Satires » furent publiées couplées avec celles de Persée par Daniel Elzévir en 1651. Cette édition ayant eu un grand succès, une réédition identique fut faite en 1671. Brunet (op. cit.) rapporte que des exemplaires non rognés de l'édition de 1671 se vendent dix fois plus chers que les exemplaires courants. Le comte belge Georges de Nedonchel (1813-1901) fit relier un de ces exemplaires grands de marge en plein maroquin vert avec ses armes au centre des plats. Son ex-libris armorié de la bibliothèque du château de Boussu est placé au haut du premier contre-plat, juste au-dessus du mien.

Enfin, pour finir avec ma bibliothèque Elzévirienne, je mentionnerai les « Métamorphoses » d'Ovide dans la première édition Elzévir de 1629 dont elles forment le second tome sur trois. L'étiquette de titre au dos montre que seul ce volume, qui forme un tout, fut relié par le premier possesseur, Louis de Crevant, marquis d'Humières (1565-1668), père du maréchal d'Humières. Ses armes dorées sont apposées sur chacun des plats mais la reliure est bien fatiguée. Brunet écrit que c'est une bonne édition.

Voilà pour cette chronique, j'ai quelques autres pièces mais elles n'apporteraient rien de plus. Et puis, nous aurons sans doute d'autres occasions de les rencontrer.

XXXIV
La Varende

JE L'AI déjà évoqué, notamment dans la chronique sur les reliures énigmatiques de Michel Herbert. Je ne reviendrai donc pas sur celles-ci mais j'ai bien d'autres ouvrages du maître du Chamblac à vous présenter. Mon catalogue « La Varende » aligne près de deux cents numéros. Rassurez-vous, je me limiterai à quelques titres.

Le premier La Varende que je lus, à l'adolescence, se trouvait dans la bibliothèque de ma mère. Son titre le plus connu, « *Nez de Cuir* », y était dans une édition de « club » que je dois avoir conservé quelque part. L'édition originale date de 1936. C'est une production des éditions Maugard, de Rouen, en format in-4 dont il fut tiré mille exemplaires. J'ai l'un des neuf cent cinquante sur papier vergé teinté Cuthenin-Chalandre. Ce n'est pas une rareté mais il est bien de l'avoir. J'ai recherché en vain l'un des cinquante premiers sur Rives. Je ne vous parlerai pas d'autres éditions de luxe ou illustrées de ce titre. Elles sont nombreuses.

« *Nez de cuir gentilhomme d'amour* » n'est pas le premier titre de La Varende. La première plaquette qu'il publia date de 1907. Il avait vingt ans. C'est une publication anonyme, « *Geoffroy Hay, comte des Nétumières (1885-1907)* », absolument introuvable et dont le tirage dut être fort modeste. Michel Herbert parle de quatre exemplaires. Il en avait fait relier un en plein maroquin qui fut vendu 1 700 € hors frais en mars 2010. Je n'ai que l'un des quatre cents exemplaires sur Vergé de la réédition faite par « Présence de La Varende » en 2000.

En 1927, le vicomte de La Varende publiait un article intitulé « *Initiation artistique* » dans la revue « L'éducation ». Un tirage à part en a été fait et il n'a pas dû excéder soixante-quinze exemplaires d'après Michel Herbert. Je suis bien heureux d'héberger cette rareté, brochée et en très bon état. Celui de Michel Herbert s'est vendu 600 € hors frais mais il était habillé d'un plein maroquin signé de P.-L. Martin.

Avant d'être un écrivain reconnu, La Varende fut apprécié pour ses admirables maquettes de bateaux. Elles furent exposées à la galerie Bernheim en juin 1932. À cette occasion une plaquette fut éditée, dénommée « *Les cent bateaux* ». Il y eut deux tirages distincts. Le premier sur papier blanc à environ cinq cents exemplaires ; le second sur papier jaune à soixante-quinze exemplaires. C'est l'un de ces derniers qui est venu se réfugier dans ma bibliothèque. Il est muni d'une dédicace, la plus ancienne que je possède de LV : *Au docteur Récamier, hommages respectueux. La Varende.* Il s'agit du médecin du duc d'Orléans qui l'avait accompagné sur le Belgica dans son expédition au Spitzberg d'où il en ramènera le récit.

Le début de la reconnaissance littéraire vint avec « *Pays d'Ouche* » publié chez Maugard à Rouen en 1934. Le prix des Vikings récompensa l'œuvre. Le tirage de mille exemplaires sur Outhenin-Chalandre fut précédé de cinquante exemplaires sur pur fil. J'héberge ces deux papiers. Je remarque que Michel Herbert n'avait pas le premier papier. S'il avait été encore en vie, je crois bien que je le lui aurais offert pour le remercier de m'avoir un jour si gentiment accueilli dans sa retraite de Bernay.

Il est très difficile de prendre en défaut Michel Herbert dans sa bibliographie de La Varende. Il y a un cas tout de même que je me dois de signaler. C'est à propos de la plaquette « *La marine bretonne* » éditée en 1938 à Rennes aux éditions de Bretagne. Il écrit : « *Cette plaquette, dont nous ignorons le tirage, est devenue fort rare. Nous n'en connaissons guère qu'une dizaine d'exemplaires* ». J'ai vu cette assertion reprise de nombreuses fois dans les catalogues des libraires qui, du coup, forcent un peu sur le prix. En réalité elle fut insérée dans le supplément du n° 158 de la revue « Bretagne » de mars 1938 et dut tout de même être tirée à quelques centaines d'exemplaires. Il serait équitable que les librairies revoient leur tarif.

Le premier volet du triptyque des contes fut « *Contes sauvages* ». Il parut en 1938 aux éditions Henri Defontaine à Rouen. Notre exemplaire, sur vélin, a été habillé par Yseux (successeur de Simier), d'un élégant demi-chagrin à coins marron foncé et tête dorée. Le monogramme AO du premier possesseur est doré en queue. Je ne l'ai pas identifié. « *Contes Sauvages II* » fut publié par le même éditeur en 1945 avec le tirage astronomique de deux mille cinq cent soixante-dix exemplaires. J'en présente un sur vélin Voiron (n° 72) agrémenté d'une suite des hors-texte. Deux ans plus tard, le titre devenait « *Contes amers* » dans une nouvelle édition de Defontaine. Enfin, en 1948, toujours chez le même éditeur, paraissaient les « *Contes fervents* » avec une inflation du tirage numéroté qui flirte avec les cinq mille exemplaires. Le nôtre provient de la bibliothèque de Raoul Marchand, une des plus belles en La Varende. C'est un des cinq cents premiers papiers sur pur fil avec suite des hors-texte. L'auteur fit un gentil envoi et le relieur Landré exécuta un bel habillage au dos mosaïqué et tête dorée. Tous ces contes furent illustrés par Pierre Le Trividic (1898-1960), peintre de l'école de Rouen au trait tourmenté dont je ne sais si La Varende a apprécié la production, ce qui n'est pas vraiment mon cas.

La Varende est désormais un auteur majeur au niveau national même si ses récits restent ancrés en Normandie, ce qui lui valut d'être traité d'écrivain régionaliste. En ce cas, pourquoi ne pas faire de même avec le « connétable des Lettres », le grand Barbey d'Aurevilly ? C'est bien de la prison d'Avranches que les chouans libèrent le chevalier Destouches. Destouches, l'aïeul de Louis-Ferdinand Céline. Mais je m'égare et je referme cette porte, c'est un rayonnage jouissif que celui des réprouvés.

Je m'en voudrais de ne pas mentionner « *Les manants du Roi* [88] » pour au moins deux raisons. D'une part, cet assemblage de nouvelles ciselées au diamant est mon titre préféré et, d'autre part, comme je suis l'hôte de l'un des cent dix exemplaires sur Rives réservés aux « Amis des beaux livres », les seuls à être accompagnés d'une nouvelle inédite sous forme de plaquette séparée : « *La comtesse de Barville* » [89]. Je suis heureux de voir que mon jugement est partagé par l'auteur qui écrit en 1957 : *c'est sans doute le meilleur de mes bouquins.*

La première des biographies historiques de La Varende arrive en 1938, aux « éditions de France », avec « Anne d'Autriche. Ce genre n'était pas celui attendu pour l'écrivain et on limita les papiers de tête à deux cent trente exemplaires, dont cent sur vélin pour les ABL. Il n'est pas si facile à trouver.

De « *Man d'Arc* », de nombreuses fois réédité, je retiendrai la première édition illustrée, chez Rombaldi, en

---

88 Plon, 1938.

89 La plaquette originale est très rare et recherchée. En sus des exemplaires ABL il y en eut cent douze sur même papier réservés à l'auteur et à ses amis. En 1987, pour le centenaire de la naissance de l'auteur, « les amis de La Varende » en ont refait un tirage à trois cents exemplaires sur papier vergé jaune.

1943. Elle fut tirée à neuf cent cinquante exemplaires, quarante sur Madagascar et le reste sur vergé pur fil. Les illustrations sont de Guy Arnoux (1886-1951), peintre officiel de la Marine dès 1921, ce qui devait plaire à l'auteur. L'exemplaire sur pur fil que je vous présente est relié d'un demi-maroquin bleu outremer à coins, fleur de lis mosaïquée au dos, titre et date dorés, tête dorée. Les pochoirs reproduisant les dessins de Arnoux ont été réalisés par Edmond Vairel et sont d'une grande fraîcheur. Cette édition est mal décrite dans la bibliographie de Michel Herbert. La couverture porte la date fautive de 1944 mais l'achevé d'imprimé est du 5 mars 1943.

Arnoux illustra également « *le maréchal de Tourville et son temps* », qui est un beau livre dans cette édition illustrée parue en 1945 à neuf cents exemplaires. Le mien fut relié par Bellevallée d'un joli demi-maroquin à coins, tête dorée, où je n'ai pas hésité à coller mon ex-libris au premier contre-plat.

Dans les petits tirages recherchés, je citerai le « Rodin », in-folio sous emboîtage édité par Rombaldi en mars 1944 à seulement trois cents exemplaires. Les planches des dessins de Rodin sont remarquables. De ce fait, il est à craindre que certains exemplaires aient été « désossés » pour faire des encadrements, comme souvent.

Le conte de Noël « Le Saint-Esprit de monsieur de Vintimille », illustré par Jean A. Mercier (1899-1995), est un grand in-4 édité en 1944 par l'imprimerie Beuchet et Van den Brugge de Nantes. Malgré un tirage de mille exemplaires numérotés sur vélin, le livre fut exclusivement offert aux clients et amis de l'éditeur. Il est de ce fait très recherché. Mercier qui fut surtout un grand affichiste du cinéma français d'avant-guerre, exécute ici un travail tout en finesse mais aux couleurs un peu fades de mon point de vue.

Voilà d'autres titres peu connus, édités et illustrés par Maximilien Vox (1894-1974), dont les recherches typographiques au XXᵉ siècle font référence. « L'autre île » est un petit bijou tiré en 1944 à un peu plus de mille exemplaires livrés sous étui illustré. Je conserve à l'état de neuf un des premiers exemplaires sur Hollande Pannekroek. Cette même année, Vox publie « *Amours* », suite romanesque, à neuf cent quatre-vingt-quinze exemplaires sur pur fil. En frontispice on trouve un autoportrait en couleur de Jean de La Varende, gravé sur cuivre et tiré par Raymond Haasen (1911-1983). La collaboration avec le grand typographe se poursuit en 1946 par la publication de « *Guillaume le bâtard, conquérant* », tiré à six cents exemplaires sur pur fil que l'on voit assez peu sur le marché. Et, toujours en 1946, publication chez Vox de « *Bateaux* » qu'il faut impérativement trouver dans son emboîtage à deux couleurs de l'éditeur. L'ensemble du tirage est sur pur fil teinté. C'est d'une grande réussite typographique.

Revenons un moment aux grands textes, aux romans que l'auteur avait un peu abandonnés au profit des contes, nouvelles, biographies et autres suites. En 1947, chez Grasset, paraît « *Le troisième jour* ». J'héberge celui de Raoul Marchand, bibliophile déjà entrevu, l'un des quatre-vingt-dix exemplaires sur Rives réservés aux ABL, avec envoi de l'auteur. Marchand y a joint le prière d'insérer signé L.V. et a demandé à Landré une fort belle reliure demi-chagrin à coins, dos mosaïqué et tête dorée. La Varende considérait qu'il s'agissait de la suite du « *Centaure de Dieu* ». C'est un livre puissant, envoûtant même comme le seront désormais tous ses grands romans. Claude Farrère, dont la plume n'était ni tendre ni mièvre, écrivait qu'il s'agissait du *plus éblouissant roman paru de 1900 à 1950.* Dans la même veine, René Benjamin écrivait à l'auteur : *je crois que c'est ton plus beau livre, le plus puissant...*

Retour avec Vox en 1947 qui réunit dans un coffret cinq auteurs, dont La Varende avec « *Le Roi des Aulnes, suivi de La fin du cèdre* ». Le tirage de mille exemplaires n'en fait pas une rareté, sauf à bien avoir les cinq titres portant le même numéro et conservés dans l'emboîtage de l'éditeur. J'ai oublié de mentionner les autres auteurs : Montherlant, Maurice Fombeure, André Berry et Alexandre Arnoux.

Chez Flammarion, La Varende publie en 1948 quinze études sur les femmes dans l'Histoire de France rassemblées sous le titre « *Les belles esclaves* ». J'ai récupéré l'exemplaire du bibliophile anonyme AO qui fit relier luxueusement un des premiers papiers sur Arches chez Yseux successeur de Simier.

« *L'École Navale* » paraît chez Amiot-Dumont en 1951. Ce livre de prestige, de grand format, n'a pas d'exemplaire numéroté. Rappelons-nous le regret de La Varende de ne pas avoir fait cette école à cause de sa mauvaise vue. Le grand peintre de la Marine, Albert Brenet (1903-2005), donne là des illustrations remarquables, assez proches du style de Marin-Marie. Je pensais le peintre disparu depuis longtemps quand j'allai voir une exposition de lui à Avranches au début des années 2000. Je fus bien étonné de sa survie et son œuvre n'a cessé d'avoir toute mon admiration.

En 1952, aux éditions françaises d'Amsterdam, paraissait « *Cadoudal* », qui est bien difficile à trouver puisque le tirage de tête se résume à cent cinquante exemplaires sur vergé. Je conserve l'un des cinquante premiers numérotés en chiffres romains. Il me manque un plein maroquin pour le comparer à celui de Michel Herbert qui se négocia 900 € hors frais. Le livre est dédié « Au purissime, à Charles Maurras », toujours emprisonné, lequel n'avait plus que quelques mois à vivre.

En 1953, nouveau grand roman chez Flammarion avec « *La dernière fête* ». Cela clôt la trilogie des Hordon de La Barre commencée avec « *Le centaure de Dieu* » et poursuivie avec « *Le troisième jour* ». C'est un bonheur d'avoir l'un des cent soixante-cinq exemplaires sur pur fil d'Arches, premier papier, numéroté en chiffres romains et venant de la bibliothèque personnelle de Dominique Wapler (1919-1990), autre éditeur de La Varende. Ce récit où l'auteur s'efforce avec brio de démontrer que le sang prime sur le nom m'avait autrefois incité à écrire une longue nouvelle, « *Le dernier des Cardray* », où je faisais mien le postulat inverse. Je crois avoir déjà raconté dans « *À pas perdus* » que j'envoyai ce morceau de bravoure à l'éditeur Dominique Wapler. La semaine qui suivit j'apprenais dans la presse son décès. J'espère bien n'y être pour rien.

La dernière partie de la vie de La Varende est d'une activité éditoriale effrénée. C'est comme s'il avait pris la mesure du terme qui approche. L'urgence s'impose, le style devient plus bref, haletant même, dans une sensibilité qui déborde et nous laisse à jamais orphelins des plus belles notes littéraires qui soient. Qu'importe si l'Académie française lui préféra des inconnus déjà oubliés, nous touchons avec La Varende au sommet d'un art de la plume, de la poésie en prose. Il construit au fil de ses narrations une nouvelle « Comédie humaine » où se lient destins et sentiments complexes. Ce qui en ressort est universel, c'est la « vie » tout simplement, celle des angoisses, des doutes, des interrogations et du cœur. L'époque n'y fait rien, c'est un décor, ce pourrait être hier ou aujourd'hui et ce sera demain. La Varende, sous toutes ses facettes, nous décrit magnifiquement l'homme debout.

La Varende tourna longtemps autour des « *Mémoires du duc de Saint-Simon* » avant de publier son analyse chez Hachette en 1955 ([90]). C'est une étude psychologique de haut niveau. Le « petit duc » y prend de la taille et le vieux Roi Louis XIV du poids. Dans une de ses dédicaces, celle envoyée à Michel Herbert, l'auteur désigne le titre comme « *mon livre personnel, mon livre d'enfance* ». François Mauriac lui écrivait : « *Mon cher confrère... Il n'est aucun de vos livres qui me plaise autant* ». Si en son temps Dominique Wapler n'a pu répondre à mon envoi, je lui suis néanmoins reconnaissant d'héberger son exemplaire hors commerce sur pur fil du Marais.

Voilà une autre trilogie, celle des « *d'Anville* », qui me tient particulièrement à cœur. Trois titres que Raoul Marchand fit magnifiquement relier chez Landré, lequel orna les dos d'une composition originale qui s'assemble. Il y aurait donc perte à les disperser. Perte esthétique et perte morale, tant le bibliophile réunit là trois premiers papiers, truffés d'articles de presse, de cartes et d'envois de l'auteur, sauf pour le dernier qui parut posthume. Voilà ma perle bibliophilique et je suis content de la partager avec de gentils voyageurs. Cela débute par « *Le cavalier seul* » publié en 1956, se poursuit en 1957 avec « *Cœur pensif* » et se termine en 1960 avec « *La Partisane* » : trois titres édités par Flammarion. C'est une splendide épopée romantique qui se termine quand naît le romantisme avec

---

90 « *Le duc de Saint-Simon et sa comédie humaine* », EO tirée à 810 exemplaires numérotés.

cette belle devise inventée des Hoctot d'Anville : *Ils ont fleuri dans le sang.*

En marge des grands textes, je mentionnerai ce curieux « *Images du Japon, au soleil levant* », grand in-4 en feuilles sous couverture illustrée rempliée et double emboîtage, illustrations d'Albert Brenet, trente-neuf pages de textes et trente-six planches doubles en couleurs, publié à Paris par les Entreprises Albert Cochery en 1956. Cette édition originale luxueuse a été tirée à mille exemplaires numérotés non mis dans le commerce mais offerts par les Entreprises Albert Cochery. La patte de Brenet est ici plus *grasse* que dans ses marines mais le livre est sans doute l'une des meilleures œuvres illustrées de La Varende. Et cette si belle conclusion de l'auteur : *Un japon que je n'ai jamais voulu voir pour garder une oasis et un coin où l'âme espérerait trouver un peu de répit.*

Voilà une autre rareté, comme tous ces textes édités à Liège par l'extraordinaire P. Aelberts aux éditions Dynamo dans sa collection « Brimborions ». « Les voyageurs perdus » sont le n° 47 de la collection. C'est une petite plaquette de douze pages en très belle typographie dont il ne fut tiré que cinquante et un exemplaires. Je n'en ai vu passer que deux fois dans ma vie de bibliophile et mon filet en a attrapé un. Chez ce même éditeur, même nombre et au même format, j'ai également récupéré trois textes rares publiés à la suite du décès de La Varende : « *Le dernier viking (La Varende)* » de Michel de Saint-Pierre en 1959, l'un des onze premiers exemplaires sur Hollande ; « *Les funérailles de La Varende* » par Guy Scheyven en 1960, également l'un des onze premiers sur Hollande ; « *À la recherche de La Varende* » d'André Bourin aussi en 1960, l'un des quarante sur vergé.

Maintenant, le très beau et esthétique « *Versailles* » publié par Henri Lefèvre en 1958. C'est une merveille et sans doute l'une des dernières satisfactions de l'auteur, son plus grand illustré dont voici la notice dans mon catalogue pour que vous en preniez la mesure : « *grand volume in-folio en feuilles sous double emboîtage de moire bleu roi, orné aux centres de l'emblème du Roi soleil, frappé à l'or fin, couverture illustrée rempliée. Ouvrage composé à la main par le maître imprimeur Dominique Viglino, illustré de 39 bandeaux, 39 lettrines et 11 grandes aquarelles originales de René Kuder (collection Léon Muller) reproduites par Daniel Jacomet. Certaines d'entre elles ont nécessité 110 pochoirs et furent terminées à la main. Cette très luxueuse édition ne fut tirée qu'à 313 exemplaires, le nôtre l'un des 300 exemplaires sur grand vélin d'Arches (n° 267), second papier après 13 japon nacré L'emboîtage externe est affecté par une grande auréole d'humidité au niveau du dos mais l'ouvrage, ainsi que l'emboîtage interne, est absolument intact. Ex-libris héraldique DP. Rare. Bel exemplaire* ».

Il eut une ultime satisfaction en recevant l'édition de sa nouvelle « *L'Empreinte* » publiée en mars 1959 « aux dépens de deux amateurs ». Il s'agissait de Michel Herbert et de Stanislas Rey. Le tirage sera de huit cent quatre-vingt-cinq exemplaires. J'héberge un des huit cent quinze sur Montval habillé d'une sobre reliure en demi-maroquin et tête dorée signée J. Hommemort. La dernière nouvelle, « *Le bonheur-du-jour* » est un pur régal.

Voilà mes amis, nous terminons là notre voyage avec l'auteur de « *Nez de Cuir* ». C'est une promenade commencée il y a plus d'un demi-siècle dans la bibliothèque de ma mère. Pour moi, sachez-le, je la poursuivrai jusqu'à mon dernier jour. Je cultive une vertu, la loyauté, et son corollaire, la fidélité. La Varende n'écrivait-il pas : *le loyalisme m'émeut ?*

Michel Herbert m'avait remis un jeu de photographies prises le 6 juin 1959 dans sa librairie où La Varende venait dédicacer ses derniers ouvrages. J'aime celle où l'écrivain est assis devant des vitrines d'éditions rares. Il tient une pipe et son regard est lointain, son air apaisé. Deux jours plus tard il était mort.

La Varende se prêtait-il la question posée à la disparition de ses nobles héros à la fin de « *La partisane* » : *Eussent-ils supporté la décadence française ?* Je suis bien certain qu'il en souffrit comme nous en souffrons.

XXXV
Nobiliana, Genealogica

J'AI gardé les grandes vitrines presque pour la fin. C'est le morceau de résistance. Pour beaucoup, peut-être, ce sera le moins intéressant. Mais le cœur de ma quête bibliophilique est là. De nos jours où la recherche en ligne a fait de prodigieux progrès, ce type de collection a sans doute moins d'intérêt. J'ai marché à contre-courant, j'en suis bien conscient. Comme je le suis du bonheur intime que me procurent mes livres. Je rêve parfois, ce n'est pas très charitable, que les ordinateurs s'arrêtent, qu'internet se liquéfie, que les satellites s'enfuient dans le vide sidéral. Le monde moderne s'arrête et chacun se sent inutile et perdu. Moi, je ne change pas mes habitudes, je rejoins mon bureau bibliothèque et je poursuis mon voyage. Quand je l'aurai terminé, il suffira de rentrer sans frapper, de fermer le livre ouvert sur mes genoux et de clore mes yeux restés ouverts sur l'immensité des passions mortes.

Il y a déjà longtemps, j'avais fait faire un timbre à sec qui porte la mention pompeuse : *bibliothèque héraldique, généalogique et nobiliaire.* Je l'utilise sur le tout-venant, là où un ex-libris serait gâché ou trop prétentieux. Je vous rapporte ce détail pour bien vous montrer que ce thème n'est pas anecdotique ici. Mon catalogue référence près de huit cents titres portant sur ces sujets. Nous en avons déjà abordé les marges avec le chapitre « heraldica », celui des « d'Hozier » et quelques autres mentions de-ci de-là. J'éviterai la redondance, il y a suffisamment de matière. Pour ne pas déséquilibrer notre voyage, je me bornerai à décrire l'essentiel de ce qui fut mon cheminement et en fait, peut-être, la rareté ou, du moins, la singularité. Quand je consulte les catalogues de certains de mes devanciers, je suis bien certain de la modestie de ma bibliothèque. J'essaierai donc de vous éviter la banalité des paysages standardisés. Et puis, comparaison n'est pas raison. Je n'ai jamais été jaloux du bien d'autrui, c'est même le contraire, j'ai toujours été heureux du bonheur des autres. Soyez-le du mien en parcourant à mes côtés les sentes surannées d'un monde qui disparaît.

À toutes les époques il y a eu des chercheurs dont l'abnégation fut totale, souvent aussi grande que leurs moyens étaient modestes. J'avais trouvé il y a fort longtemps une grosse étude publiée en 1911 par M. J.-Louis Bazin sur « *Les comtes héréditaires de Chalon-sur-Saône (880-1237)* ». Ce n'est pas la qualité bien réelle du texte et des illustrations qui m'avait le plus étonné, mais la faiblesse du tirage à part : trente exemplaires. Au moins l'étude reste-t-elle accessible dans les *Mémoires de la société d'histoire et d'archéologie de Chalon-sur-Saône* de cette même année 1911. J'ai toujours eu un faible pour les *tirages à part* réservés aux auteurs. Je les imagine aussi fiers que je le fus en distribuant les miens auprès de mes amis.

Dans mes premières recherches sur les Caylus rouergats, je vis bien qu'il me fallait consulter les « *Documents historiques et généalogiques sur les familles et les hommes remarquables du Rouergue* » publiés par Hippolyte de Barrau à Rodez de 1853 à 1860. Un monument de la généalogie nobiliaire en quatre gros volumes absolument introuvables. Fort heureusement, les *éditions du Palais-royal* en firent une réimpression à l'identique en 1972, reliée en pleine toile. Elle est depuis devenue tout aussi introuvable. J'allai l'acheter chez Saffroy pour la rondelette somme de 870 francs, ce qui était un effort conséquent. Je ne l'ai jamais regretté. Dès que j'ouvre ce livre, particulièrement le premier volume consacré aux familles chevaleresques, je m'évade en d'autres temps, en d'autres lieux et mes pensées sont ensoleillées des causses du Larzac où furent de sanglants combats mais aussi de douces amours. Barrau a été un honnête historien, travaillant presque exclusivement sur les titres et les chartriers anciens des familles. Il s'est trompé parfois en transcrivant de façon fautive une ancienne charte. C'est bien compréhensible et pardonnable. Son travail reste un pilier de la généalogie féodale méridionale.

En 1971, le comte d'Adhémar de Panat publiait les « *Mélanges offerts à Szabolcs de Vajay* » pour le cinquantenaire de ce dernier qui était vice-président de l'académie internationale d'héraldique. Ce gros bouquin de plus de six cents pages contenait l'étude du professeur J. Bousquet sur les « *Caylus de Saint-Affrique, une généalogie impossible* ». Ce travail remarquable m'a donné les premières pistes de mon « *Histoire de Caylus* » et est devenu rare d'après un catalogue de Saffroy (2003), malgré ses cinq cents exemplaires numérotés. Les archives généalogiques du comte d'Adhémar de Panat (1901-1998) furent dispersées il y a une quinzaine d'années. J'ai récupéré son dossier généalogique sur la famille de Tubières constitué de photocopies d'un livret manuscrit de la BN et de notes manuscrites diverses me permettant de mieux comprendre la succession du titre comtal de Caylus dans cette famille. Cela a rejoint mon chartrier des Caylus.

J'ai déjà raconté dans un ouvrage confidentiel ma rencontre avec Jean-Denis Bergasse avant même qu'il ne soit le brillant président de la Société d'Histoire et d'Archéologie de Béziers ([91]). Nous eûmes une relation épistolaire de près de quarante ans traitant de nos projets

---

91 In *La fleur de l'amitié*, ouvrage hors commerce tiré à 20 exemplaires, 2019.

éditoriaux réciproques et de nos passions communes sur l'héraldique et la généalogie. En 1978, il fut le maître d'ouvrage des remarquables « *mélanges historiques et généalogiques, Rouergue – Bas Languedoc* » publiés en hommage à Jacques Fabre de Morlhon (1913-1976) qui venait de disparaître. J'ai la chance d'avoir le numéro deux des cent premiers exemplaires. J'ai à peu près tous les travaux généalogiques de Jean-Denis Bergasse, toujours accompagnés d'envois amicaux. Je ne citerai pas l'ouvrage monumental sur le canal du midi en cinq volumes, ce serait hors de propos, mais je n'oublierai pas son histoire familiale développée dans « *D'un rêve de réformation à une considération européenne – MM. les députés Bergasse (XVIIIe – XIXe siècles)* » qui est un monument.

En 1606, paraissait la seconde édition, tout aussi rare que la première de 1600 et d'ailleurs avec la même date « d'achevé d'imprimer » des « *Origines des dignités et magistrats de France* » suivie des « *Origines des chevaliers, armoiries et héraux* », de Claude Fauchet (1530-1602), historiographe de France, qui inaugura les recherches sur les premiers auteurs de notre langue. La reliure, un plein vélin d'époque, n'est pas très belle, l'ouvrage a vécu. Il porte la signature manuscrite de Gaches, le mémorialiste contemporain des guerres de Religion à Castres et dans les environs. C'est presque un livre de famille.

Nous avons eu l'occasion de rencontrer plusieurs fois lors de notre promenade le sieur de Brantôme. En provenance de la bibliothèque du château de la Valouze, avec ex-libris et pièce d'armes au dos de la reliure du comte de Saint-Saud (1853-1951), géographe et généalogiste réputé du Périgord, je conserve précieusement un ouvrage qui me paraît être l'édition originale de la généalogie de la maison de Bourdeille insérée dans les œuvres complètes de Brantôme publiées à La Haye en 1743 par Sambix-le-jeune, avec de nombreux tableaux généalogiques dépliants. La provenance fait toute la rareté de ce petit in-12 qui permit au comte de Saint-Saud de produire en 1923 à Périgueux une notule de onze pages sur la famille de Bourdeille.

Les travaux généalogiques d'Arnaud Chaffanjon (1929-1992) sont réputés et recherchés. On les trouve néanmoins et je ne mentionnerai dans les titres sous mes yeux que cette généalogie remarquable de « *Jean Racine et sa descendance* » éditée en 1964 et couronnée par l'Académie française. Il s'agit d'un des seize exemplaires numérotés sur papier vergé angoumois à la fleur de lys de 1743, réservés à l'auteur et aux collaborateurs.

Une petite rareté au passage avec ces deux volumes du « *Dictionnaire des familles nobles et notables de la Corrèze* » que J.-B. Champeval fit paraître à Tulle en 1911 et 1913 à seulement deux cents exemplaires. Il est habillé d'une modeste demi-basane d'époque très propre.

Les « *Tablettes historiques, généalogiques et chronologiques* » publiées par Louis Chasot de Nantigny (1692-1755) de 1749 à 1753 sont remarquables. Elles nous informent sur les généalogies royales, princières, ducales mais surtout sur les terres du royaume érigées en marquisat, comté, vicomté, baronnie et la transmission des titres. Ce sont six volumes petits in-12 en joli veau marbré d'époque. Des mêmes auteur et format, il est utile d'avoir le complément en deux volumes et trois parties intitulé « *Tablettes de Themis* ». Je n'ai que le second volume qui forme toute la troisième partie parue en 1755 et contenant la chronologie des présidents, chevaliers d'honneur, avocats et procureurs généraux des chambres des comptes de France et de Lorraine, des cours des aides et de celles des monnaies, des prévôts des marchands de Paris et de Lyon, et la liste des bureaux des finances, présidiaux, bailliages, sénéchaussées et prévôtés. C'est un travail indispensable pour comprendre la subdivision administrative de la France d'ancien régime qui, de plus, pour chaque poste, donne la liste des titulaires depuis l'origine jusqu'en 1755. Les travaux de Chasot de Nantigny en matière de généalogie sont d'une grande probité. Ils sont rares et très recherchés.

Autre rareté, la généalogie de la « Maison Ferron », par le général vicomte A. de Ferron, publiée à Rennes en 1911. Mon exemplaire est bien relié et doté d'un envoi au colonel de Bonnières. Je n'ai jamais vu d'autre exemplaire de ce livre très gracieusement illustré par M. de La Messelière.

Évidemment si c'est la profusion aux XIXe et XXe siècles, les ouvrages de généalogie du XVIIe siècle sont les plus recherchés même si la méthode historique utilisée est parfois confuse. J'ai déjà mentionné d'Hozier et sa maison de Larbour qui fait date ; je peux aussi avec plaisir vous présenter un gros in-4 de Nicolas de Hauteville avec, en 1669, son « *Histoire de la très ancienne et illustre maison de Saint-François de Sales, évesque et prince de Genève* ». Rarissime ! Comme aurait dit mon ami Jean-Marie, libraire parisien d'heureuse mémoire. De plus, même si la reliure est fatiguée, elle porte les armes sur les plats de Monseigneur Louis-Gaston Fleuriau d'Armenonville (1662-1733), évêque d'Aire-sur-Adour en 1698, puis d'Orléans en 1706. Il est inhumé dans la cathédrale d'Orléans où je suis allé saluer sa pierre tombale en l'assurant de prendre soin de son livre.

Encore du peu courant avec ce titre non connu de Saffroy :
« *Portrait géographique et historique de l'Europe… Et des
généalogies de la maison de Bourbon et de la maison
d'Autriche* » en trois parties et quatre volumes édités chez
Girard à Paris en 1674. Cette édition originale, reliée en
plein veau d'époque, est attribuée à Jean Hinselin de
Moraches. On y trouve des portraits et tableaux
généalogiques.

Un grand classique avec le « *Dictionnaire de la noblesse,
contenant les généalogies, l'histoire et la chronologie des
familles nobles de France, l'explication de leurs armes et
l'état des grandes terres du royaume aujourd'hui
possédées à titre de principautés, duchés, marquisats,
comtés, vicomtés, baronnies, etc.* » que La Chenaye-
Desbois (1699-1784) mit quinze volumes et seize ans à
publier (1770-1786). C'est la seconde édition mais la
meilleure et d'une grande rareté avec les trois derniers
volumes qui sont un supplément que l'on doit à Badier.
Saffroy écrit que ces trois derniers volumes auraient été en
grande partie détruits sous la Révolution d'où la rareté
d'une présentation complète des quinze volumes. Mes
reliures sont homogènes mais assez modestes et datent
sans doute de la Restauration. Les premiers contre-plats
ont été enrichis à l'époque de l'ex-libris armorié de « D.D.
de Maussabré » dont je ne sais rien.

Voilà une bizarrerie au sujet d'une autre œuvre recherchée
de La Chenaye-Desbois. Il publia les « *Étrennes de la
noblesse ou état actuel des familles nobles de France, &
des Maisons & Princes souverains de l'Europe* » en dix
volumes pour la période 1771-1781. Cela fut publié chez
Le Doué à Paris et on trouve rarement l'ensemble ([92]). La

---

92   Saffroy la donne sans nom d'auteur dans sa « bibliographie des
     almanachs » comme imprimée de 1771 à 1780 et écrit « ensemble très
     rare » [503].

particularité de mes exemplaires est qu'ils furent publiés tous à la date de 1782 chez *Le Boucher, Onfroy, Lamy*. Le contenu reproduit exactement celui de l'édition d'origine (y compris les calendriers et éphémérides), ce qui est incompréhensible. Les reliures sont belles et uniformes. Tout cela est inconnu du catalogue de la BNF et des descriptions de Guigard et Saffroy. J'ai cependant une explication, appelez cela une pure hypothèse si vous voulez, bâtie à partir de l'ex-libris manuscrit porté sur toutes les pages de titre : « de Saint-Pons ». C'est cet auteur (Saint-Pons) qui publia chez le même éditeur (Onfroy) l'ouvrage « *État de la noblesse... Pour servir de continuation aux 9 premiers volumes des "Étrennes à la noblesse"* par M. de La Chenaye-Desbois. Année 1783 [- 1784] en 2 volumes ». Il apporte ici quelques précisions manuscrites dans les marges. Nous pensons cette série inconnue réimprimée seulement à son usage et donc unique, ce qui explique l'absence de référence.

Dernier item pour La Chenaye-Desbois, un peu hors sujet, son rarissime « *Dictionnaire historique des mœurs, usages et coutumes des François* » paru en 1767 à Paris en trois volumes. J'ai vu qu'il fallait une demande motivée pour consulter le seul exemplaire qu'en a la Bibliothèque nationale.

Ce gros volume de Gabriel de La Morandière sur l'« *Histoire de la maison d'Estouteville en Normandie, précédée de notes descriptives sur la contrée de Valmont* » est une luxueuse édition de 1903 abondamment illustrée. Elle est très recherchée et je l'avais trouvée chez mon ami Jean Vauprès durant la période où il fut libraire à Avranches.

C'est à Lisieux, en 1881, qu'Henri Le Court publia cette « *Généalogie des branches normandes et percheronnes de la maison du Buat*», à cent trente et un exemplaires. Le mien est truffé d'une lettre de l'auteur à Charles Guérin, savant et historien, qui habitait le logis des Bercoissières au Mesnil-Thébault dans la Manche et communiqua à l'auteur les éléments généalogiques des Buat de cette paroisse (fief du Fourcé). Cela m'avait fait plaisir de croiser ainsi Charles Guérin dont j'avais publié il y a une trentaine d'années « *les notes sur Chalandrey* » dans la *Revue de l'Avranchin*.

L'abbé Ambroise Ledru et l'abbé L.-J. Denis se sont associés en 1905 pour publier une belle histoire de « *La maison de Maillé* », en trois gros volumes. Eugène Aubry-Vitet (1845-1930), historien et homme de confiance du comte de Paris, posséda ces trois volumes en tirage de luxe et les fit relier d'un beau demi-chagrin bleu nuit, têtes dorées. Il apposa son ex-libris héraldique sur le premier contre-plat à la devise parlante : « vite et bien ». J'étais encore très jeune quand je fis cette acquisition rue de Provence à Paris. La vieille libraire m'aimait bien et descendit son prix jusqu'à ce que je ne puisse plus résister à emporter chez moi ces trois volumes qui débutèrent ma bibliothèque généalogique.

L' « *Histoire de la famille Rondeaux* » de Pierre Le Verdier raconte les jours de cette famille de la haute bourgeoisie rouennaise. Elle fut publiée en 1928 à cinquante exemplaires hors commerce. J'ai en main l'exemplaire que l'auteur envoya au comte Becci, lequel publia également des ouvrages de généalogie sur des familles normandes.

Gilles Ménage (1613-1692), célèbre grammairien, publia en 1686 l' « *Histoire de Sablé, contenant les généalogies de plusieurs maisons anciennes à présent éteintes* ». Mon exemplaire est dépourvu de sa reliure mais c'est un titre très recherché. Le format petit in-folio rend malaisé la découverte occasionnelle d'une reliure ancienne pouvant le rhabiller mais je ne désespère pas.

Je n'ai pas encore mentionné Gilles-André de La Roque (1598-1686), généalogiste normand et grand connaisseur de l'héraldique, dont je suis assez content d'exhiber l'édition originale rarissime de 1676 du « *Traité du ban et arrière-ban, de son origine et de ses convocations anciennes et nouvelles* ». Mes prédécesseurs ont été Denis du Pré, président à la Chambre des comptes de Dauphiné qui a collé un bel ex-libris héraldique au centre du premier contre-plat, puis le comte Chappaz de La Prat a apposé son cachet et, enfin, même si la provenance n'est qu'une affirmation, je sais que ce petit livre est passé par la bibliothèque de Pierre Letourmy, lequel a publié pour la Normandie les sept volumes des recherches de noblesse de La Galissonière de 1996 à 2007. Autre incontournable du même Gilles-André de La Rocque, le « *Traité de la noblesse* », dont j'ai la quatrième édition (1710), corrigée et augmentée, gros in-4 dans une très belle reliure d'époque.

Non moins rare, peut-être unique dans cette suite complète, le « *Traité des fiefs tant pour le pays coutumier que pour les pays de droit écrit* » publié par Germain-Antoine Guyot (1691-1750) en sept volumes dans une belle reliure homogène du XVIIIᵉ siècle. Les tomes V à VII sont en E.O., les tomes I à IV sont de la très rare seconde impression dans laquelle ont été ajoutés les compléments et corrections trouvés post-morten dans les papiers de l'auteur qui font de ce monumental ouvrage la source la plus complète sur les fiefs et les différentes coutumes de l'ancien régime dans tout le royaume de France. Très rare, décrit de façon incomplète par Guigard qui mentionne le premier volume comme le seul paru.

Saffroy le décrit également de façon sommaire (I-8538-39) et la BNF ne l'a qu'en partie. Pour l'anecdote, j'ai relevé dans l'ouvrage la mention « *l'auteur étant décédé le 27 juillet 1750 à 59 ans pendant le cours de l'impression, M. Boucher d'Argis a fait la préface et une addition en fin de volume* », ce qui m'a permis de faire une réclamation auprès de la BNF pour qu'elle inscrive cette date dans la fiche descriptive de M. Guyot, laquelle mentionnait la date de décès comme inconnue. J'ai pu observer que ma demande avait été validée.

Pour changer un peu d'époque et de sujet, voilà une belle famille du Béarn à laquelle J. Noulens consacra en 1871 quatre gros tomes à la publication des « *Documents historiques sur la maison de Galard* ». C'est un monument que Saffroy déclare très rare, tout comme le tirage de tête de « *L'auguste maison de Lorraine* » publié en 1966 par le comte Jean de Pange à trente-cinq exemplaires. Sont également rares car tirés à petit nombre, les trois volumes du « *Trésor généalogique de dom Villevielle* » publiés en 1875 ct laissés dans cet état inachevé par Henry et Alphonse Passier. Quant au « *Nobiliaire du Mortainais* » de Julien Pitard, il fut publié par Victor Gastebois à Mortain à deux cents exemplaires que l'on ne voit guère en vente.

Passons à un petit ouvrage, plus anecdotique de contenu que les précédents et, de plus, présenté ici dans une troisième édition qui se trouve fréquemment. Certes, il s'agit bien de généalogie. Cette histoire d' « *Une famille au XVIe siècle d'après des documents originaux* », publiée par Charles de Ribbe (1837-1899), concerne la Provençale famille du Laurens. Ce qui me fit acquérir ce petit ouvrage dans une foire toulousaine est la reliure signée de Gruel, à l'imitation des belles reliures du XVIe siècle : un plein maroquin havane, plats estampés à froid de roulettes alternant fleurs de lis et quartefeuilles dans un encadrement multiple de filets entrelacés avec fleurons d'angle, dos à nerfs, avec encadrements à froid entre les nerfs, titre, date et lieu dorés, monogramme doré en queue, double filet doré sur les coupes, roulettes dorées intérieures, doubles gardes marbrées, tranches dorées. À qui attribuer ce monogramme S B poussé en queue ? Je ne suis pas parvenu à résoudre cette énigme.

Il y a des collectionneurs d'Almanach. On y trouve des renseignements sur les grands personnages, les naissances, mariages et décès. Certains sont plus rares que d'autres et, surtout, les reliures qui les ornent sont souvent aux armes et font de ces titres des livres prisés. Pour ma part, je n'ai rien accumulé de très distingué dans ce domaine sauf, peut-être, cet « *Almanach de la noblesse de L'Empire français* » dont les années 1809 et 1810 sont reliées ensemble dans un demi-maroquin rouge au dos richement orné. Ces almanachs de l'Empire sont très rares, ce qui explique sans doute la présence de trois ex-libris de prestige, ceux de :

1. Henry du Rosnel (1771-1849). Capitaine en 1792, chasseur à cheval, chef d'escadron en 1796, écuyer cavalcadour de l'Empereur en 1805, aide de camp de l'Empereur, gouverneur des Princes en 1811, grand officier de la Légion d'honneur en 1811, pair de France en 1815, député de Meaux en 1830-1831, aide de camp de Louis Philippe, grand-croix de la Légion d'honneur en 1832.

2. Napoléon-Henri-Edgar Ney (1812-1882), prince de la Moskowa (1857), sénateur, général de division, aide de camp et grand veneur de Napoléon III, fils du Maréchal Ney, dont l'ex-libris est en partie arraché.

3. Raymond Dervaux, qui habitait dans les années 1940 le château de Rozières dans l'Aisne (cachet en plus de l'ex-libris).

Il n'y a plus guère de place pour apposer mon ex-libris.

Dès que l'on parle de noblesse, on parle aussi de fausse noblesse, de noblesse d'apparence, etc. Toute une littérature s'est développée pour fustiger, souvent cruellement, des familles dont le tort était de faire croire qu'elles pouvaient appartenir au second ordre et non au tiers. À notre époque de déliquescence absolue du bon goût, de la famille, du nom, de la transmission et j'en passe, tout cela est devenu bien dérisoire mais marquera une époque, celle des XIXe et XXe siècles, particulièrement depuis qu'aucun souverain ne peut titrer ou sanctionner sa noblesse. Il est de coutume de dire, d'écrire et de répéter que les ouvrages qui traitent de ces sujets sont rares car ils auraient été détruits par les familles déconsidérées (il y eut quelques procès et même quelques duels). Je crois surtout qu'ils sont rares parce qu'ils n'intéressaient pas grand monde. J'en ai quelques-uns cependant et leur lecture m'a toujours diverti. Certains sont fielleux et bien peu chevaleresques, mais ce n'est pas le cas des *vrais et les faux titres de noblesse. Liste de titres concédés à des familles de la Touraine, de l'Anjou, du Maine et du Poitou* » de Carré de Busserolle. J'avais trouvé ce bouquin broché à même le trottoir aux puces d'Orléans et je l'ai fait relier.

Dès 1857, Alphonse Chassant publiait à six cents exemplaires annoncés « *Les nobles et les vilains du temps passé, ou recherches critiques sur la noblesse et les usurpations nobiliaires* ». Au moins citait-il les anciens, dont Platon : *La noblesse qui procède de la grandeur de l'esprit est la meilleure.*

En 1883, sous le pseudonyme de « Toison d'or », le vicomte Alphonse de Calonne (1818-1902), publiait un redoutable recueil intitulé « *Noblesse de contrebande* ». En 1899, le vicomte de Royer poursuivait les polémiques avec « *Y a-t-il une noblesse française ?* ».

En 1906, Jean de Bonnefon faisait paraître un ouvrage qui eut un certain retentissement : « *La ménagerie du Vatican ou le livre de la noblesse pontificale, avec la liste des laïcs, clercs, moines, nés français et pourvus de titres* », ouvrage particulièrement acide. Il poursuivit en 1912 avec « *Les curiosités héraldiques* », non moins biliaire.

Le meilleur du genre, bien documenté et de bonne tenue, reste « *Les marchands de merlettes ou vérité passe honneurs* » de Martial Pradel de Lamase, publié en 1947, étude sur la fausse noblesse et les cabinets de généalogie qui exploitèrent de 1840 à 1947 la vanité des parvenus.

En 1959, Régis Valette publiait son redoutable « *Catalogue de la noblesse française* » au grand mécontentement des familles qui n'y étaient pas. Ce nouveau héraut d'Armes réédita ensuite périodiquement son catalogue avec des mises à jour jusqu'en 1989.

En 1970, sous le pseudonyme de *Charondas* parut en deux volumes « *À quel titre ?* », véritable pamphlet contre la propension souvent sanctionnée par un long usage à utiliser des titres non justifiés. La même année D. La barre de Raillicourt faisait une réponse à Charondas dont était pourfendue cruellement la généalogie. Cette réponse fut étendue dans plusieurs brochures intitulées « *À ce titre* ».

En 1978 et 1979, le docteur Michel Dugast-Rouillé publia à compte d'auteur « *Les notables ou la 'seconde noblesse'* » en deux gros volumes qui font suite à son

« *Nobiliaire de France* » et donnèrent lieu à une assignation au TGI de Nantes.

À la fin du XXe siècle encore, Pierre-Marie Dioudonnat publiait l'« *Encyclopédie de la fausse noblesse et de la noblesse d'apparence* » (1991).

Je terminerai ce chapitre par les ordres de chevalerie. J'ai rassemblé une trentaine de bons ouvrages sur le sujet dont je vous épargnerai la liste exhaustive. Je tiens néanmoins à signaler ce « *Nouvel office pour les chevaliers de l'ordre du Saint-Esprit* » publié en 1816 par l'Imprimerie royale, d'une typographie remarquable avec quelques beaux culs-de-lampe. L'Ordre n'étant composé que de cent membres français auxquels venaient s'ajouter quelques princes et monarques étrangers ainsi que les enfants royaux de France, ce tirage ne peut être que très faible et la reliure, non signée, sans doute du relieur du Roi, Simier. Elle est très belle, en plein veau glacé olive avec dentelle fleurdelisée sur les plats, croix du Saint-Esprit au centre des plats, dos fleurdelisé entre les faux nerfs, dentelle intérieure, tranches dorées, filet doré sur les coupes, tranchefile, gardes et contre-gardes bleues, pièce de titre en maroquin rouge. Ce petit in-8 de quatre-vingt-seize pages est inconnu de la BNF.

Le « *Code des ordres de chevalerie du royaume* » publié par le comte de Saint-Ange en 1819 est une rareté. Cela lui valut d'être réimprimé à l'identique il y a quelques années. Mais c'est bien l'édition originale que je vous présente, dans une agréable reliure de l'époque.

XXXVI
Les mémorialistes

ILS SONT épars dans ma bibliothèque et sont les plus lus de mes livres avec les biographies. L'âge venant j'ai cessé aussi bien d'écrire des fictions que d'en lire. La grande majorité des mémoires modernes est entassée après lecture dans des cantines métalliques que je stocke dans mes greniers. Dès qu'un de mes contemporains publie ses souvenirs je les lis. Mais ce n'est pas ici que j'en donnerai mes impressions. Ceux dont je vais vous parler ont par leur ancienneté plus que par leur rareté un petit intérêt bibliophilique. Ils ne sont pas au grenier. Ils héritent même de mon ex-libris après lecture.

Pour la langue française, commençons par le sire de Joinville (ca 1224-1317). C'est un ancêtre de mon père. Je ne le savais pas quand je fis l'acquisition il y a bientôt un demi-siècle de ses mémoires. La généalogie ne fait rien à l'affaire. J'ai aimé les mémoires de Joinville pour leur fraîcheur, leur spontanéité, leur sincérité et même leur humour. On est là à toucher le Roi Louis IX, futur Saint Louis, à parler avec lui, à mesurer la grandeur de l'homme et même sa psychologie. C'est un texte majeur pour aborder le XIIIe siècle. J'ai la bonne édition, celle produite par Natalis de Wailly chez Firmin Didot en 1874. Elle est joliment illustrée, documentée et commentée. Son seul défaut est son poids. On peut difficilement la lire allongé sans s'étouffer. Il faut la lire debout, posée sur un lutrin. Cette œuvre passionnante me fait rappeler que mon père et moi sommes nés le jour de la Saint Louis.

Je n'aborde pas Froissart et Commynes déjà entrevus en latin.

Sur les règnes d'Henri III et d'Henri IV, il est de coutume, et c'est justifié, de se référer aux mémoires de Pierre de L'Estoile (1546-1611). J'en ai des morceaux répartis dans des éditions différentes des XVIIIᵉ et XIXᵉ siècles. J'ai le cinquième et dernier volume du « *journal de Henri III* » édité chez Gandouin en 1744, lequel contient cette curieuse « *Confession de Sancy* » qui est là en entier avec les remarques de Langlet du Fesnoy. Ce n'est pas une œuvre de Pierre de L'Estoile mais un pamphlet de son ami Théodore Agrippa d'Aubigné (1552-1630), farouche protestant et grand-père de madame de Maintenon, non moins farouche catholique. Ce « dépareillé » est dans une élégante reliure au dos lisse semé de fleurs de lis. Son premier propriétaire a écrit ses nom et fonction « *Dubois, commissaire provincial des guerres en Poitou* ». Il s'agit sans doute de Thibaut Dubois, sieur d'Ardrée, qui avait épousé en 1721 Marthe-Marie Baudard et était le beau-frère de Claude Blanchard, également commissaire des guerres.

Avançons dans le temps avec ces « *Mémoires de M.D.L.R. sur les brigues à la mort de Louys XIII* » publié chez Pierre van Dick à Cologne en 1662. L'auteur n'est autre que François de La Rochefoucauld (1613-1680), l'auteur des « *Maximes* ». Il raconte ici l'épisode de la « Fronde » vu du côté des « frondeurs » dont il était. Nous avons en main une des trois contrefaçons imprimées en France. Après recherches, je vois que cette contrefaçon se trouve bien moins fréquemment que l'édition originale. Je ne sais qui est ce monsieur de Seillac qui a inscrit son nom sur la page de titre. Curieusement, il fallut attendre 1817 pour qu'Auguste Renouard publie la première partie de ces mémoires, suivie de celle déjà connue dans une charmante édition devenue très rare et recherchée, agrémentée de huit portraits hors textes. Monsieur de Berbisey la fit relier modestement et y apposa son ex-libris armorié. J'ai rangé ensemble la première (1817) et la seconde (1662) parties.

Les « *Mémoires inédits d'André Delort sur la ville de Montpellier au XVIIe siècle (1621-1693)* » ont été édités en 1876-1878 en deux volumes par l'imprimeur Jean Martel à Montpellier. Il n'y en eut que deux cent sept exemplaires dont cent soixante sur Hollande comme le nôtre qui, de plus, est revêtu d'une originale reliure en demi-maroquin à gros grains de couleur citron, dos à nerfs ornés de caissons et de fleurons dorés, pièces de titre et de tomaison en maroquin noir, bande de maroquin noir serti d'un rinceau doré sur les plats. C'est très élégant mais surtout j'ai retrouvé dans ce texte quelques épisodes familiaux.

Je ne reviens pas sur Tallemant des Réaux que j'ai abordé ailleurs. Les « *Mémoires de Messire Roger de Rabutin, comte de Bussy* » nous amènent sous le règne le Louis XIV et sont d'une bonne qualité littéraire. Je n'ai que le tome second d'une contrefaçon hollandaise faite en 1697 d'après l'original de 1696 chez Anisson à Paris. On y trouve les « *Maximes d'amour* » et « *L'usage des adversités* ». J'y avais relevé un texte d'une flagornerie excessive sur la description physique du Roi que j'avais communiqué à Guy Bechtel et Jean-Claude Carrière pour la seconde édition de leur « *Dictionnaire de la bêtise* ». Au reste, par ses suppliques, Bussy-Rabutin nous montre le drame existentiel de la grande noblesse quand elle était privée de Cour. C'est ainsi que Louis XIV a rendu raison à la fronde endémique des grands du royaume.

Si je suis un grand lecteur du duc de Saint-Simon, je présenterai rapidement mon édition ici. Elle est en vingt volumes avec des reliures pastiches aux armes royales. Il faudra attendre quelques décennies pour que les bibliophiles s'y intéressent.

Le XVIIIᵉ siècle passera assez vite, je n'ai rien de remarquable à vous présenter que vous n'ayez déjà vu. Nous voilà à la Révolution, l'Empire puis la Restauration où les « Mémoires » des rescapés arriveront à profusion. Je laisse de côté les épopées militaires qui font un genre entier pour regarder de plus près les destins particuliers, ceux qui m'ont paru les plus intéressants, en commençant par l'édition originale des « *Souvenirs de Madame Récamier* » publiée à Paris chez Michel Lévy frères en 1859 en deux volumes. Hélas, ces mémoires si passionnants furent expurgés par la famille qui brûla abondamment pour jeter un voile définitif sur les choses privées. L'historien en reste bien marri mais au moins pouvons nous lire les courriers de François-René écrits durant les années où il fréquenta le gîte de la charmante Juliette. Jean d'Ormesson s'est cassé les dents à chercher en vain du détail dans cette relation. Comme lui, j'ai retrouvé dans l'un des derniers courriers du vicomte : « mon dernier rêve sera pour vous ». Mes volumes sont dans des demi-veau havane, dos à nerfs avec des pièces de titre et de tomaison de maroquin rouge et vert, tranche supérieure marbrée.

La haute noblesse se fracassa avec la Révolution. Les mémoires de ses ressortissants nous montrent le séisme que cela fut, où beaucoup périrent, où tant de noms disparurent. Ceux qui en réchappèrent laissèrent des mémoires plutôt optimistes où le tragique côtoie souvent le ridicule. On frôle la mort et comme on continue à vivre, on regarde enfin le monde avec une acuité de miraculé. Dans ce genre, le « *Journal d'une femme de cinquante ans* » tient une bonne place. Henriette-Lucie Dillon (1770-1853), marquise de La Tour du Pin après son mariage en

1787, perdit une grande partie de sa famille sous l'échafaud révolutionnaire. Il faut suivre la traque dans les terres maritales de Gascogne, l'émigration américaine où l'on croise Talleyrand, la Cour de l'Empire, la Restauration et ses désillusions. Cela prend deux volumes publiés à Paris en 1913 par son arrière-petit-fils le colonel comte Aymard de Liedekerke-Beaufort. Les miens ont été somptueusement reliés en demi-maroquin havane, dos à nerfs et tête dorée. Un joli fer romantique orne les dos.

Une mention pour les « *Mémoires de madame de Rémusat* » publiés en 1880 chez Calmann-Lévy par son petit-fils Paul de Rémusat. Claire-Elisabeth-Jeanne Gravier de Vergennes, comtesse de Rémusat (1780-1821), dame d'honneur de Joséphine (1780-1821), les avait écrits en 1814 à partir de notes quotidiennes. Elle les brûla au retour de Napoléon et les rédigea à nouveau en 1818. Cette première édition a été reliée dans de beaux volumes en demi-chagrin, dos à nerfs, pour monsieur le baron Le Grand de Vaux qui y apposa son ex-libris armorié.

Je saute quelques titres et j'arrive rapidement au « *Récit d'une sœur* » qui sont des souvenirs de famille rédigés par Madame Craven, née de La Ferronnays et qui portent sur la période 1830-1848. Mes deux volumes sont d'une édition tardive (1897), mais ils ont été proprement reliés pour le prince de Broglie et ornés de son bel ex-libris représentant le château de Chaumont-sur-Loire où je vais régulièrement admirer les beaux jardins.

Bon, tout cela vous lasse et moi aussi. J'abandonne là les mémorialistes. Un petit clin d'œil pour finir. Pour le XXe siècle, je recommande les « *Mémoires d'un parisien* » du cher Jean Galtier-Boissière (1891-1966) pour qui j'ai une grande tendresse. Vous trouverez ça à un prix abordable et passerez, je vous le promets, un très bon moment.

XXXVII
Avant-dernière flânerie

IL Y A de longues promenades dont on rentre fatigué. C'est sans doute un peu votre cas mais votre politesse vous oblige à ne pas me l'avouer. Moi, je suis en pleine forme, la compagnie de mes livres est roborative. Je ne vais toutefois pas abuser de votre patience. Une fois encore, prenons ensemble les coulées oubliées, celles des étagères un peu en retrait. Allons encore céder à l'appel de quelques livres.

Pour commencer, suivons la trace de monsieur de La Briffardière avec son « *Nouveau traité de vénerie contenant la chasse du cerf, celles du chevreuil, du sanglier, du loup, du lièvre et du renard... un traité de la pipée, de la fauconnerie... le tout orné de figures et de musiques* ». Cette seconde édition (1750) est la reproduction exacte de l'édition originale posthume publiée en 1742. Le titre seul fut changé. On y retrouve tout aussi bien les fautes de pagination que le même placement des gravures. L'ouvrage est illustré de planches dépliantes gravées sur bois. On trouve à la fin quatorze pages gravées de partitions de musique pour les fanfares. Antoine Gaffet de la Briffardière, écuyer, était gentilhomme de la Vénerie du roi Louis XIV, dans laquelle il servit près de quarante ans.

Dans le même domaine, je retrouve ce petit ouvrage très recherché, « *La chasse à courre* » publié en 1912 par la duchesse d'Uzès. Il provient de la succession de mon regretté ami Jérôme de La Dure et porte l'ex-libris héraldique de son grand-père Édouard de La Dure dont la bibliothèque fut remarquable.

Tenez, une petite plaquette du XVIᵉ que j'avais oubliée : « *Hippocratis coi praesagiorum libri tres. Gullielmo Copo basiliensi interprete* », publiée en 1543, inconnue à la BNF, de l'imprimeur Parisien Jacques Bogard (+1548), qui fut celui de Clément Marot. Un exemplaire identique se trouve à l'Université Complutense de Madrid ainsi qu'à la bibliothèque de Grenoble (F.3642). On retrouve ce texte de Copo dans l'ouvrage collectif publié par Gryphe (Lyon, 1532), auquel participa François Rabelais sous le pseudonyme d'Alcofribas Nasier. Le verso du dernier feuillet porte un ex-libris manuscrit de l'époque : « *Izariac Mortau demourant a Sedan au prais de Lorloge* ». C'est très anecdotique j'en conviens mais suffisant pour notre flânerie.

Nous avons croisé il y a quelque temps Ovide et ses « *Métamorphoses* » publié en 1629 chez les Elzévir, voici le même titre paru en 1655 chez un concurrent d'Amsterdam, Jean Jansson, mais avec les commentaires appréciés de l'anglais Thomas Farnaby.

Léonard de Marandé vécut au XVIIᵉ siècle, il est connu pour son anti-jansénisme. Je crois qu'il fait partie de ma parentèle paternelle mais sans en avoir formellement établi le lien. Son œuvre est assez copieuse. Je peux vous présenter son « *Abrégé curieux et familier de toute la philosophie* », dont l'édition originale est de 1642. La mienne, de 1645, est présentée comme la quatrième. Cet ouvrage est également connu sous le titre de « *La clef des philosophes* » et c'est bien cette mention qui est portée par la pièce de maroquin entre deux nerfs du dos. *Cet écrit, qui est la présentation en français de la philosophie scolastique, est une sorte de dictionnaire recueillant les commentaires des mots essentiels qui relèvent de chaque partie de la philosophie scolastique, c'est-à-dire la logique, la morale, la physique, la métaphysique et la théologie (⁹³).* Ce fut je crois son plus grand succès littéraire. La reliure de cet exemplaire est remarquable, en plein maroquin rouge de l'époque, dos à nerfs ornés, plats avec encadrements à la Duseuil, toutes tranches dorées, roulettes dorées sur les coupes et l'intérieur des plats. Les petits fers du dos et ceux des plats me font attribuer ce travail à l'atelier Rocolet-Pasdeloup (actif de 1638 à 1662). Le petit modèle de mon ex-libris est très honoré d'y rappeler mon hébergement.

Ce gros Tacite de plus de mille pages a été imprimé à Genève en 1609. La BNF ne possède qu'un exemplaire de cette nouvelle édition donnée par Curzio Pichena, après celle parue à Francfort en 1607, avec le texte de Puteolanus et de la 3e édition de Juste Lipse (1585), revu sur deux manuscrits de Florence. Après l'épître dédicatoire de Curzio Pichena et sa préface "ad lectorem", les pièces liminaires, qui sont celles des éditions lipsiennes, précèdent les "Opera Taciti". À la suite se trouvent "Stemma Augustae domus" et "Ausonii carmina in Caesares romanos". Les "notae" de Pichena, publiées isolément en 1602 et en 1604, sont jointes au volume sans titre particulier, mais avec une pagination spéciale. Cette édition soignée a bénéficié d'une bonne reliure, en plein maroquin, dos à nerfs et toutes tranches dorées. Malheureusement un coin inférieur a été rogné par une ou deux souris affamées qui ont eu le bon goût de ne pas s'attaquer au texte. Il subsiste des traces de lacets, les plats bénéficient d'un encadrement doré et en leur centre d'un motif arabisant qui m'intrigue, le tout d'époque. Aucune mention intérieure ne me permet de savoir le voyage mené par ce volume durant sa longue vie.

---

93 Keisuke Misono, *Léonard de Marandé, polémiste anti janséniste*, 2004.

Voilà un petit livre dont la valeur est purement sentimentale. Cette édition de 1766 qui regroupe « *l'entretien sur la pluralité des mondes* » et « *le dialogue des morts* » de M. de Fontenelle a surtout le mérite de provenir de ma famille maternelle. C'est d'ailleurs sans doute la seule raison qui m'avait amené à le lire, à déplier la carte du Système solaire qu'un aïeul avait peut-être contemplé avant moi. Je fus au final tout à fait amusé par ces dialogues apocryphes, notamment celui entre Platon et Marguerite d'Écosse ou entre Sénèque et Scarron. Cela me permet de vous conter un souvenir personnel. Il y a fort longtemps, lors d'un dîner, je me trouvais placé aux côtés de Pierre Dudan (1916-1984), le célèbre parolier, musicien et écrivain. Il me parlait de ses projets, notamment celui d'écrire un livre de dialogues entre des personnages historiques. Je lui rétorquai : « Vous voulez être le nouveau Fontenelle ? ». Cela le laissa coi et hagard quelques secondes. Je changeai aussitôt de sujet. J'en ai gardé une morale : ne jamais étaler dans une conversation un pseudo-savoir qui peut être une source d'humiliation pour autrui. Cela ne vous rehausse aux yeux de personne. J'ai vu que Dudan avait ensuite édité un « *Robert et Antoine* », établissant un dialogue entre Brasillach et Saint-Exupéry. Il faudra qu'un jour je le lise pour voir si une référence à Fontenelle y est. La boucle serait alors bouclée.

Dans mes petits coutumiers en voici un grand avec cette « *Conférence de la Coutume de Sens, avec le Droit Romain, les Ordonnances du Royaume & les autres Coutumes* » publié en 1787 par M. Pelée de Chenouteau. Ce gros in-4 dans sa reliure d'époque est à la fois élégant de présentation et instructif de contenu.

On ne sait pas grand-chose de la vie de l'historien et polémiste Pierre Boitel, sieur de Gaubertin. Je ne suis pas mécontent d'avoir de lui l'« *Histoire mémorable de ce qui s'est passé tant en France, que aux païs estrangers, commençant en l'an 1610 et finissant l'an 1619* ». Cette édition très rare (achevé d'imprimer par Julian Courant le 14 de février 1619), provient de la bibliothèque de W. Beckford (1760-1844), auteur du célèbre « Vathek », acheté à Sotheby's en 1882 par Bernard Quaritch (1819-1899), premier de la lignée de cette grande maison de la bibliophilie anglaise (grand ex-libris). On retrouve ensuite cet exemplaire chez le libraire parisien Chaudenat (étiquette). Après, Il fut acquis par le grand bibliophile Adrien Carrère (cachets), lequel fit don à sa mort de sa bibliothèque aux jésuites de Toulouse (cachet). Cela en fait des kilomètres et ajoute de l'intérêt du contenu.

Au milieu du XIXe siècle, M. Adolphe Magen était pharmacien dans la bonne ville d'Agen. Comme tout notable agenais, il était membre de la Société d'agriculture, des sciences et des arts d'Agen. Il en fut même secrétaire adjoint. Il lui arrivait de publier dans la revue de la Société de doctes études comme, en 1853, cet article de seize pages sur « *Un trafiquant littéraire au XVIIe siècle (Rangouze)* ». On est toujours fier de ses premiers écrits, on les fait relier, ce que je fis avec mon étude sur « *les seigneurs de Rouairoux* » parue dans la Revue du Tarn en 1977. M. Magen fit de même avec un tiré à part de son article. Mais notre pharmacien fit mieux, il s'adressa au grand relieur Belz-Niédrée pour habiller l'opuscule d'un plein maroquin rouge, dos à nerfs, toutes tranches dorées. Un triple filet doré encadre les plats, un double filet de même court sur les coupes. Les contre-plats sont encadrés d'une magnifique dentelle dorée. Au dos, avec une minuscule police de caractères dorés, le relieur a écrit : « Rangouze par Magen – Agen 1853 ». Il faut une loupe pour lire ce titre.

J'aime assez ces petits bijoux de reliures haut de gamme, tel ce « *Jeanne d'Arc* » de l'abbé Henri Perreyve (1831-1865), qui était professeur à la Sorbonne et aurait sans doute eu une grande destinée s'il n'était mort si jeune de la tuberculose. En 1862, l'évêque d'Orléans, Monseigneur Félix Dupanloup (1802-1878) le nomme chanoine honoraire de sa cathédrale, et l'invite le 8 mai à prêcher le panégyrique de Jeanne d'Arc. C'est par ce texte que commence le petit ouvrage qui est offert à l'évêque dont il ne faut pas oublier qu'il fut académicien et grand militant de la canonisation de Jeanne. Il le fit pieusement recouvrir d'une reliure janséniste en plein maroquin rouge, dos à nerfs et toutes tranches dorées. Le relieur R. Petit a enrichi les contre-plats d'une belle dentelle dorée et l'évêque a apposé son ex-libris. Le mien lui est subordonné. C'est en chinant aux puces d'Orléans que je trouvai ce gentil petit livre.

Tenez, au hasard, encore un seizième qui nous attend. C'est un tome dépareillé hélas, le premier des œuvres de Flavius Josèphe publiées en trois volumes par l'excellent Sébastien Gryphe à Lyon en 1555, un an avant sa mort. Nous y trouvons les dix premiers livres des *antiquités judaïques*. N'oublions pas que l'œuvre de ce juif romanisé a surtout été transmise de toute ancienneté par les chrétiens qui y ont vu le complément du Nouveau Testament. F. Josèphe naît peu de temps après la mort du Christ. Dans les « *antiquités judaïques* » qui sont – peu ou prou – considérées comme des textes fiables si on se réfère aux plus anciennes copies, il cite deux personnages des débuts chrétiens : *Jean-le-Baptiste et Jacques, frère de « Jésus, dit le Christ »*. Puis, dans le livre XVII, donc le second tome de Gryphe, que je n'ai pas, il écrit (cette partie est contestée) : « *En ce temps-là paraît Jésus, un homme sage, c'était un faiseur de prodiges, un maître des gens qui recevaient avec joie la vérité. Il entraîna beaucoup de Judéens et aussi beaucoup de Grecs... Et quand Pilate, sur la dénonciation des premiers le condamna à la croix, ceux qui l'avaient aimé précédemment ne cessèrent pas. Jusqu'à maintenant encore, le groupe des chrétiens n'a pas disparu.* Il y a beaucoup de controverses sur la variation de ces textes au fil des temps. Une seule chose est certaine : Josèphe parle ou directement ou indirectement de Jésus. C'est le seul témoignage historique en dehors des évangiles. Je ne prendrai pas parti dans ces querelles humaines. La reliure d'époque de mon petit Gryphe de 1555 a été anciennement restaurée par quelqu'un qui y apportait une certaine importance.

Ne quittons pas le XVIᵉ siècle sans jeter un œil sur ce petit livre gentiment relié à l'époque en un plein veau vert, dos muet, dont les plats s'ornent d'une belle roulette d'encadrement à la dorure ternie. Du coup, les rutilantes armes du Roi de Sardaigne ([94]) apposées vers 1840 au centre des plats font toc. Le papier doré des contre-plats est beau et ancien. Quant aux textes peu connus, ils sont d'un caractère historique évident. Le premier, constitué d'une page de titre et de cinq de texte, est la « *La Proposition de Monsieur de Bellièvre, ambassadeur du roy de France, faicte à son Alteze & messieurs des Estats du Païs bas le 4 d'aoust 1578* ». Le second texte, de treize feuillets, conséquence du premier, est l'« *Accord et alliance faicte entre monseigneur le duc d'Anjou et les prélats, nobles et députez des provinces & villes représentans les estatz generaulx des pays-bas* » imprimé à Anvers par Christophe Plantin en 1578. Pour comprendre ces textes il faut faire un peu connaissance avec Pomponne de Bellièvre (1529-1607), conseiller au Parlement de Chambéry où il entame une carrière de

---

94 Charles-Albert de Savoie (1798-1849), Roi de Sardaigne en 1831.

diplomate. Son protecteur est le duc d'Anjou, futur Henri III. En 1573, il le suit quand ce dernier est élu roi de Pologne et devient chef de son conseil. Il revient avec lui en France, et y est nommé surintendant des finances. Son aisance dans la diplomatie et sa neutralité dans les affaires religieuses lui valent de rester au service du Roi durant la quasi-totalité du règne. En 1576, il est donné comme otage à Jean Casimir du Palatinat pour garantir l'exécution de l'édit de Beaulieu. Il est chargé par Henri III de diverses missions diplomatiques qui lui feront parcourir l'Europe, dont l'Angleterre où il tentera en vain d'obtenir la grâce de Marie Stuart auprès de la reine Élisabeth. En 1564, comme ambassadeur, il arrive à maintenir la République des Grisons dans l'alliance française. En 1574, il est nommé à la surintendance. De nouveaux règlements interviennent au Conseil du roi en matière de finances et, par le règlement du 11 août 1578, le Conseil devient le « Conseil d'État et des finances » jusqu'en 1578. À l'occasion de la réunion des États généraux, Henri III le congédie brutalement en 1588. Il devra attendre le règne d'Henri IV pour réintégrer le gouvernement royal. Il sera nommé chancelier de France en 1599, charge qu'il gardera jusqu'à sa mort. Voilà un petit livre qui rejoint la grande Histoire. Le précédent bibliophile qui l'avait hébergé était Daniel Pichon, grand collectionneur de reliures armoriées, qui y avait apposé son amusant ex-libris portant la mention « Ô ! Chine, clef d'un monde merveilleux où les imbéciles ou riches ou pauvres n'entrent point... ». C'est tellement vrai !

Terminons ce tour un peu long en famille par un grand format, en fait un petit in-folio d'un ouvrage très rare écrit en 1845 par le baron Chaillou des Barres et décrivant « les châteaux d'Ancy-le-Franc, de Saint-Fargeau, de Chastellux et de Tanlay » avec des illustrations gravées par Victor Petit, artiste renommé. L'auteur fait un bel envoi « *à Monsieur le comte de Salvandy comme un témoignage de ma respectueuse et haute considération et du sentiment de gratitude que je lui porte. Baron Chaillou des Barres, le 22 mai 1846* ». Le comte Narcisse de Salvandy (1795-1856), fut député de l'Eure, ministre de l'Instruction publique, membre de l'Académie française (1835). Il habitait le château de Graveron dans l'Eure. Il demanda à Simier, relieur du Roi, d'établir en plein veau cette reliure avec un dos à nerfs orné, une pièce de titre, une roulette dorée sur les coupes, une roulette intérieure dorée, toutes tranches dorées et fit apposer son monogramme doré et couronné au centre des plats. Je vous disais qu'il s'agissait d'une étape familiale. C'est à cause de mon aïeul, « honorable homme » Jean Perrin (1655-1710), inhumé dans l'église d'Ancy-le-Franc. Il avait été procureur fiscal, intendant et homme de confiance de la marquise de Louvois, alors propriétaire du château, du comté de Tonnerre et du marquisat de Cruzy dont l'ensemble des terres équivalait par son étendue à une principauté. Cela sonna l'heure de gloire de la famille. Un fils cadet devint officier dans le régiment des Dragons du Roi. Il acheta une terre dont il prit le nom, mais quelle idée d'acheter une terre s'appelant « le Ruisseau » ? Il devint Perrin du Ruisseau. Vous imaginez le propos : « Vous êtes du Ruisseau ? Et bien, retournez-y ! ». Le nom de terre fut rapidement abandonné. Je regarde les belles lithographies du château d'Ancy-le-Franc et en pensée je vais de la tombe du père à la paroisse ancestrale de Sermizelles proche de Vézelay où le fils revint épouser la fille du notaire royal. Où sont les livres envolés de ma famille ?

XXXVIII
Oublis notables

J'AVAIS terminé mon tapuscrit et je m'apprêtai à lancer l'édition. Je laissai passer quelques jours. Ce matin, je me décidai à faire un dernier tour de piste après le marché. Voilà qu'en rangeant un peu se présenta un bel ouvrage dont j'avais oublié de parler, puis un second, un troisième... Je trouvais injuste pour ces livres de ne pas vous les présenter. J'ai hésité avant d'ouvrir de nouveau le chantier. Impossible cependant d'avoir la paix de l'âme, les retardataires manifestaient. Et comme nous sommes dans un pays où les manifestations sont coutumières et écoutées, j'ai cédé devant les justes récriminations.

Commençons – ou plutôt recommençons – par un joli petit livre en italien de 1726 imprimé à Florence. Ce sont les poèmes de Michel-Ange dont on a oublié les talents littéraires. On a aussi oublié son vrai nom : *Michelagnolo Buonarroti*. L'édition originale date de 1623, faite par son petit-neveu. Celle-ci est la seconde édition, à l'identique de la première, avec la même dédicace au sénateur Fillippo Buonarroti. La typographie élégante est due à l'imprimeur florentin Domenico-Maria Manni. Je ne me lancerai pas dans les exégèses modernes qui attribuent les poèmes d'amour de Michel-Ange à quelques jeunes hommes et femmes. Je remarque la fraîcheur et l'épaisseur du papier au fin filigrane. Cet exemplaire fut relié vers 1785 en plein maroquin vert à grain long, orné d'une belle dentelle d'encadrement sur les plats et d'un curieux papier de garde en dominoterie d'allure très moderne. Au centre des plats, le beau fer aux armes du Roi de Sardaigne Victor-Amédée III (1726-1796), où l'on reconnaît sous l'écu les ordres de l'Annonciade et des Saint-Maurice-et-Lazare dont il était le grand-maître.

Cet autre titre n'est pas commun. Parfois la rareté ne confère pas au contenu un grand intérêt. À l'inverse, ici, tout le sel est dans le récit à clés. Ces « *Mémoires secrets pour servir à l'histoire de Perse* » concernaient la France de Louis XV. On consultera avec profit la longue notice que Barbier consacre à cet étrange ouvrage ([95]). Ces mémoires parurent pour la première fois en 1745. L'édition que je vous présente est de 1749, publiée à Amsterdam. Ce doit être la troisième. Elle débute par un avertissement suivi de « la liste des clefs des noms propres » où l'on voit qui se cache derrière *Ali-Homajou* (le duc d'Orléans), *Cha-Abbas 1er* (Louis XIV), *Cha-Séphi 1er* (Louis XV), *Osirie* (la duchesse de Châteauroux, favorite de Louis XV) et bien d'autres. Ce fut un grand succès, traqué par la police du Roi. Aussi était-il assez rare qu'un contemporain appose ses armes sur les plats, comme fit sur cet exemplaire Timoléon, comte d'Espinay de Saint-Luc, marquis de Ligneris, né en 1724. Il accorda suffisamment d'importance à ce petit livre pour en faire dorer toutes les tranches. J'oubliais, c'est le premier livre qui mentionne le « masque de fer » (*Giafer, p. 26)*. Un petit ex-libris doublement armorié posé sur une première garde me permet de voir que l'ouvrage est passé chez M. Gérard Lambert d'Ortho (1902-2009), marié en 1927 avec Élisabeth Parent du Châtelet (1903-1992). On voit que M. d'Ortho est mort à l'âge de 106 ans révolus avant que le livre vienne se reposer chez moi. Je n'ose espérer une telle longévité de gardiennage.

Pourquoi ne pas vous avoir fait auparavant découvrir cette petite merveille ? Cela tient à mon classement visuel sans doute, à nos pérégrinations dont l'organisation laisse à voir. Elle pourrait laisser penser à un classement

---

95   A. Barbier, *Le dictionnaire des ouvrages anonymes.*

irrationnel. N'en croyez rien. Je suis à peu près capable de retrouver un bouquin du premier rang. Précisément, ce « *Traicté de la forme et devis comme on faict les tournois* » est un bel ouvrage du premier rang, depuis longtemps d'ailleurs. Cela fait bien quarante-cinq ans qu'il m'accompagne. Je l'ai toujours eu en haute estime. Dans son domaine, je le considère même comme l'un des plus savant et des plus beaux. On le doit à Bernard Prost (1849-1905), issu d'une vieille famille jurassienne, qui fut archiviste du Jura. C'est chez le libraire-éditeur parisien A. Barraud qu'il le fit paraître, en 1878, à deux cent soixante exemplaires numérotés dont les deux premiers sont sur Chine et les autres sur un beau papier vergé fort. Prost emprunte la plupart des textes à des manuscrits inédits des XIVe et XVe siècles d'Olivier de La Marche, Hardouin de La Jaille, Anthoine de La Salle et autres bretteurs médiévaux. Surtout, il accompagne les textes de seize planches remarquables (dont 9 en double page), reproduites à l'identique au pinceau et rehaussées d'or, d'après le manuscrit n° 2692 de la Bibliothèque nationale intitulé « *Portraicts du tournoi de Monseigneur de La Gruthuse appelant, et de Monseigneur de La Ghistelle deffendant, du onzième de mars 1392* ». J'ai passé de longues heures à en admirer la fraîcheur et les détails de ces planches et ne m'en suis jamais lassé. Vous méritiez ce détour.

Paul Pellisson (1624-1693) est connu pour avoir écrit la première Histoire de l'Académie française (jusqu'en 1652). On sait moins qu'il fut commis de Nicolas Fouquet et, comme tel, emprisonné de 1661 à 1666 pour ne l'avoir point désavoué. Protestant de naissance, il abjure en 1670, ce qui lui vaut les faveurs de Versailles, et le voici nommé historiographe du Roi Louis XIV. Il écrit le récit des Campagnes militaires de 1670 à 1688. L'édition originale ne sera publiée qu'en 1729 en trois volumes petits in-8 devenus rares. Ceux que je consulte pour vous en parler portent les armes du grand Turgot (1727-1781), marquis de Laune (⁹⁶), ministre d'État et Contrôleur général des Finances. Il essaya en vain d'aider le Roi à réformer la fiscalité de l'ancien régime. La Cour fit chuter son ministère en 1776. La Révolution vient de l'incapacité du Roi à avoir hardiment mené cette réforme. J'ai de ces Turgot dans mon ascendance, mais au XVIIe siècle.

Voyons maintenant ces deux volumes in-12 en plein maroquin rouge du XVIIᵉ siècle dont les petits fers du dos nous assurent d'une reliure de Boyet. C'est un incomplet me direz-vous, ces « *épistres de Cicéron* » traduites du latin au français par Godoüin ne comporte que les livres cinq à seize, il manque donc un premier volume comprenant les quatre premiers livres des épîtres. Oui et non, je m'explique. La BNF ne connaît pour cette année 1663 chez l'éditeur Sommaville qu'une édition in-8 ayant les seize livres en deux seuls volumes. La pagination ne correspond pas à nos deux tomes in-12. J'ai oublié de préciser deux choses importantes : en premier lieu, il n'y a pas de page de titre sur mes deux volumes et celles-ci ne sont pas manquantes puisque la signature des feuillets commence avec A ; puis, à la fin du second volume, le privilège royal donné en 1663 à Sommaville (c'est donc bien notre éditeur), suivi de la mention : *achevé d'imprimer pour la première fois, le 15ᵉ novembre 1663.* Nous avons bien une édition originale inconnue à la BNF. J'ai mis du temps à comprendre. Le « fiat lux » est venu le jour où j'ai pu voir chez un marchand que Sommaville avait édité les quatre premiers livres traduits par Godoüin en 1651, au même format in-12. La suite de la traduction lui étant livrée en 1663, il décida de regrouper le tout dans un format plus grand (in-8) mais pour quelques clients

---

96 Du nom d'une terre près de Périers dans la Manche.

privilégiés et rares qui avaient acquis l'édition de 1651, il commença par cette impression complémentaire en deux volumes in-12. Vous trouvez ça tiré par les cheveux ? J'écoute vos arguments mais à défaut d'en avoir de plus probants, je reste sur ma conviction. L'édition de 1651 des seuls quatre premiers livres des épîtres est tout aussi rare et inconnue de la BNF. Je vous sens intrigués et vous avez envie de me demander si, au moins, je connais le nom du premier possesseur pour qui l'on fit en 1663 cette singulière suite des seize livres suivant des épîtres. Sur chaque plat est apposé un monogramme aux lettres entrelacées HVRA surmontées d'une couronne de marquis à l'ancienne, ce qui montre une reliure contemporaine de l'édition. Vingt ans plus tard, les couronnes de marquis auront leur forme moderne (les trois boules entre les feuilles d'acanthe ne seront plus alignées mais placées en deux triangles de trois boules). Le seul qui ait tenté une identification est Guigard (II-476) et, sans se poser de questions, les libraires l'ont reprise depuis. Il nous donne « Robert-Antoine de Wignacourt (1698-1756). J'ai relevé avec cette attribution une reliure semblable passée à Drouot en 1985, sur un autre Cicéron, « Des orateurs illustres », daté de 1652. Puis, toujours avec ce monogramme et ces petits fers au dos, sur « L'Astrée » d'Honoré d'Urfé, également édité par Sommaville en cinq volumes en 1647 ([97]) ; et, avec la même description, une traduction des poésies de Catulle de Vérone par Michel de Marolles en quatre volumes de 1653 ([98]). Donc, nous avons ce fer sur des reliures anciennes, contemporaines des éditions et toutes antérieures à l'existence du comte de Wignacourt. Cette attribution est fautive. La qualité désigne un personnage important et mes investigations me

---

97 Vendu 43 000 € par Sotheby's à la vente de la bibliothèque du baron Alain de Rothschild le 24 mai 2006.

98 Actuellement en vente au prix de 8 500 €.

poussent vers un Hurault, marquis de Vibraye (marquisat créé en 1624). Ces deux petits volumes me font un grand honneur d'accepter de perdre un peu de temps dans mes rayonnages et vous également d'accepter sans trop rechigner mes autosatisfactions.

C'est dans une brocante granvillaise que j'avais trouvé ce petit « liber amicorum ». Il aurait dû être présenté dans mon chapitre traitant des manuscrits. Mais il est si particulier, si révélateur d'une époque et d'une histoire, qu'il prend ici une autonomie méritée. En premier lieu, il est de belle présentation : un plein maroquin lie de vin, janséniste, au dos muet hors quelques liserés dorés. Un intérieur doté d'une riche dentelle dorée et de papier moiré pour les contre-plats et première garde. Ensuite, une centaine de pages en partie écrites de pensées amicales en faveur de mademoiselle Louise Pasquier. Je n'avais que ces informations pour reconstituer son histoire et celle de sa famille. La première mention date d'Oran en 1904. Elle est écrite par sa « *vieille grande tante* » qui signe « *Marie Lescure* ». Ce fut assez pour identifier Marie-Louise Pasquier, née en 1888 à Segré, fille d'Auguste Pasquier, pharmacien de Château-Gontier, qui épouse à Oran, en 1876, Delphine (de) Lescure. Cette dernière est la fille de Jules de Lescure, enragé républicain malgré ses origines, déporté pour ce fait en Algérie en 1851 où il sera inspecteur des chemins de fer. Il abandonne la particule. On le disait ami de Victor Hugo qui préféra choisir sa terre d'exil dans un endroit plus frais. Il était originaire du Lot, plus précisément de Bretenoux, non loin du château de Castelnau où brilla une branche des Caylus, mais c'est une tout autre histoire. Revenons à Marie-Louise, plus souvent appelée Louise, voire Louisette et même Zette par ses proches. Le *Liber* s'ouvre sur son portrait à la sanguine fait le 22 avril 1905 par un dénommé « Peter ». Elle a dix-sept ans et pose fièrement, avec grâce, portant un chapeau

« Belle Époque » à fleurs. Je l'ai déjà écrit, elle est à Oran en janvier février 1904 et plusieurs de ses cousins-cousines lui écrivent de gentils poèmes ou d'intimes confidences comme celle de Valentine Lescure : « *L'homme idéal, c'est celui qui n'est pas encore ou n'est plus. C'est le fiancé lorsqu'on est fillette, c'est le mari lorsqu'on est fiancée, et lorsqu'on est mariée c'est le fiancé* ». En mars 1904, elle est à Hussein-Dey dans sa parenté Boulanger et Trottier. En octobre, elle est de retour à Segré où son cousin Eugène Houbdine lui écrit un petit poème amoureux qu'il transforme deux pages plus loin en déclaration d'amitié. Plus loin, un joli dessin à la plume représentant Moret au bord du Loing. Cela est signé d'un autre admirateur, prénommé Amédée, « *En souvenir de la chère journée passée avec vous petite amie... »*. Fin 1905, des témoignages d'amies d'enfance, un paysage finement dessiné, signé « Y. de R. » avec la mention « à Marie-Louise, souvenir de La Rivière ». Sur la page suivante un autre dessin, signé Paul, représentant des ruines féodales au bord d'un étang. Marie-Louise Pasquier meurt en 1913, à vingt-cinq ans. Eugène Houbdine tombera en Belgique en 1915. Aucun des deux ne se maria. Ce sont des destins inachevés. Je referme avec un tendre respect ce petit livre que j'avais oublié. Il ne me viendrait pas à l'idée d'y apposer mon ex-libris. C'est un livre définitivement orphelin, encore emprunt de l'éphémère parfum d'une jeunesse passée. Avouez que cela à une autre dimension que trois ou quatre SMS.

Allons maintenant faire un tour en Belgique. C'est un pays un peu snobé par les Français, à grand tort. Les collectionneurs et bibliophiles de premier ordre n'étaient pas rares outre-Quiévrain jusqu'à une période récente. Nos meilleures plumes y eurent leurs plus grands zélateurs et on ne compte plus les grands talents de ce pays frère. Aussi, c'est avec enthousiasme que je me portai acquéreur d'un fort bel ouvrage il y a quelques années. « *Les vieilles enseignes liégeoises* » furent publiées en 1937 à Liège par Adrien de Melotte de Lavaux agrémentées de trente et une eaux-fortes de Madame Désiron. C'est une bien agréable promenade dans la capitale wallonne. Le tirage de tête de cette édition originale est constitué de vingt exemplaires sur papier de Hollande marqués à la presse de A à T. Celui que j'héberge est le numéro H doté d'un bel envoi : *Au baron de Cartier de Marchienne, Ambassadeur de Belgique, Amical souvenir d'un liégeois de Liège à un Liégeois de Londres, le 29 juillet 1937.* Émile-Ernest de Cartier de Marchienne (1871-1946), fut ambassadeur à Londres et constitua une belle bibliothèque au château de Marchienne avec un ex-libris aux armes. Il n'eut pas de descendance de ses deux mariages et sa bibliothèque, exceptionnelle sur le pays de Liège, fut vendue en 1948. Le baron avait fait somptueusement relier son exemplaire des *vieilles enseignes :* fer aux armes dorées au centre des plats, tête dorée, dos à nerfs avec, alternés entre les nerfs, un losange d'azur (pièce d'arme des Cartier) et le fameux « Perron » de Liège (monument érigé au-dessus de la plus ancienne fontaine de la ville et repris comme symbole héraldique dans les armoiries de celle-ci).

Et cette brochure de sept pages sous double couverture et beau papier vergé éditée par Alphonse Lemerre en 1891. « *La comédie à Trianon* » est un à-propos de Jules Clarétie (1840-1913), alors Administrateur général de la Comédie française, composé pour la représentation unique donnée par le Théâtre de Trianon au bénéfice de la statue de Houdon, le 1er juin 1891. Vous me semblez déçus ? Vous ne devriez pas, ce titre est très rare et, surtout, c'est l'exemplaire donné par l'auteur à son fils unique avec l'envoi : *À mon Georges, son père, Jules Clarétie, 25 juin 1891.* Georges Clarétie (1875-1936) n'a alors que seize ans. Lui aussi deviendra Homme de Lettres. Il fera habiller ce grand format chez le relieur Franz d'un joli demi-maroquin à grain long. J'aime assez cette transmission, même temporaire. Cela donne une charge supplémentaire à nos pensionnaires.

Pour conclure, cette petite réédition de luxe sur papier verger faite à petit nombre par la librairie des bibliophiles en 1875. J'aurais bien aimé posséder l'édition originale faite à Rouen en 1615 par David du Petit Val. Elle est introuvable depuis longtemps. Il s'agit d'une pièce, « la tragédie de Sainte-Agnès », écrite par le sieur d'Aves. Elle est introuvable donc et je me contente parfaitement de ce petit in-4 qu'un bibliophile a eu la délicatesse de faire relier en plein vélin comme on le faisait au début du XVIIᵉ siècle, faisant pousser un fer doré au centre des plats. Si j'ai un petit faible pour cet auteur, c'est que le nom de terre cache le normand Pierre Troterel, versificateur de grand talent et précurseur de Corneille. Sa tante Jeanne Troterel est une aïeule. Elle eut le bon goût d'épouser Guillaume Labbé de La Coursière, juriste falaisien, dont je m'honore d'être un lointain descendant. Je voulais terminer en famille.

Il se fait tard. Je regarde encore quelques livres intéressants dont un jour, sait-on jamais, j'évoquerai avec vous le cheminement. Mais il est temps maintenant de rentrer.

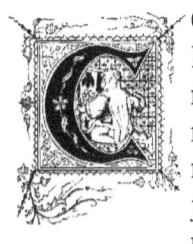CONCLUONS puisqu'il le faut. J'ai laissé bien des petits trésors de côté. Je n'ai pas mentionné ces centaines, ces milliers d'ouvrages passés entre mes mains depuis l'enfance et pour lesquels j'ai un attachement viscéral. Ils ne sont pas sur Arches, ni sur Chine, ni sur Japon. Capé ou Lortic ne les ont pas habillés. Faute de place, ils s'entassent dans un grenier, dans des malles étanches tout de même. Ce sont les livres de tous les jours. Ils m'ont fait voyager, m'ont fait réfléchir, je leur dois beaucoup. Ceux-là valent pour leur contenu exclusivement : aucune autre rareté. Voilà ce qui ne touche pas à la bibliophilie mais pour rien au monde je ne m'en passerai même si je n'en ai jamais fait le recensement.

Charles Nodier – il est de bon ton de citer Charles Nodier quand on parle avec un bibliophile – Charles Nodier disait « *qu'après le plaisir de posséder des livres, il n'en est pas de plus grand que d'en parler* ». Avouez que je ne me suis guère privé de ce bonheur durant notre longue excursion. Je crains même de vous avoir saoulés avec toutes ces définitions barbares de la bibliophilie. Mais je ne vous ai pas pris en traître, le titre même du bouquin annonçait la couleur. Je ne doute pas de l'empathie de ceux qui sont parvenus jusqu'à cette conclusion. Ce sont des amis désormais, de cette confrérie capable de s'émouvoir en tenant un livre, en l'ouvrant, en le lisant, en scrutant ses particularités parfois obscures : l'envoi de l'auteur, la signature d'un graveur au bas d'un cul-de-lampe, celle d'un libraire ou l'ex-libris d'un devancier, la technique d'un relieur, la qualité des gardes et d'autres détails souvent insoupçonnés au premier abord.

Nous nous sommes parfois perdus au fond de bibliothèques évanouies comme sur des chemins méconnus. Nous avons ensemble renoué le dialogue avec quelques-uns de nos devanciers. J'espère simplement que vous ne m'en voudrez pas de ce temps trop long passé avec mes livres.

Peut-être qu'un jour, on parlera discrètement de nous en disant simplement, à défaut d'en savoir plus : « *c'était un bibliophile !* ». Et ce sera bien assez. Sur cette espérance, merci chers amis de m'avoir si gentiment accompagné.

FIN